基金项目：安徽省高等学校省级质量工程项目“大数据与会计专业教学团队”
（项目编号 2021jxtd219）

大数据驱动下管理会计创新实践研究

黄　斌◎著

中国商业出版社

图书在版编目（CIP）数据

大数据驱动下管理会计创新实践研究 / 黄斌著 . --
北京 : 中国商业出版社 , 2023.7
ISBN 978-7-5208-2542-9

Ⅰ . ①大… Ⅱ . ①黄… Ⅲ . ①管理会计 – 研究 Ⅳ .
① F234.3

中国国家版本馆 CIP 数据核字 (2023) 第 129461 号

责任编辑：王　静

中国商业出版社出版发行
（www.zgsycb.com 100053 北京广安门内报国寺 1 号）
总编室：010-63180647　编辑室：010-83114579
发行部：010-83120835/8286
新华书店经销
定州启航印刷有限公司印刷
*
710 毫米 ×1000 毫米　16 开　13.25 印张　200 千字
2023 年 7 月第 1 版　2024 年 1 月第 1 次印刷
定价：78.00 元
*　*　*　*
（如有印装质量问题可更换）

前　言

大数据改变了人们的生活方式，也对现阶段管理会计人员的工作产生了重要影响。管理会计人员既要加强对大数据的认知，尤其是对其特点的认知，又要将大数据与日常的管理会计工作进行有效融合，发挥大数据的积极作用。更为重要的是，管理会计人员需要意识到大数据已经成为现阶段管理会计工作的重要辅助工具，他们可以利用大数据实现对各种业务数据和财务数据的收集、整理、分析，并制作各种形式的报表，为公司管理层提供必要的决策支持。也可以使用大数据背景下产生的各种管理系统，如ERP系统，进行相应管理数据的整合，使公司管理层更为全面地掌握企业状况。此外，管理会计人员可以通过大数据了解行业发展状况、整体经济发展态势等，立足本公司实际，针对公司未来的发展以及现阶段的成长提供合理化的建议，促进公司的稳定、健康和可持续发展。本书针对大数据驱动下管理会计的创新和实践从如下几个方面进行了论述。

在第一章中，首先，笔者介绍了本书的写作背景，即以大数据为代表的新技术的飞速发展推动包括管理会计在内的各行业不断创新与变革。其次，笔者介绍了本研究的意义，尤其是本研究在各个领域应用管理会计的意义。最后，笔者介绍了大数据驱动下管理会计创新实践研究的重要概念以及部分理论，旨在降低读者理解后续内容的难度，同时引出后续的相关论述。

在第二章中，笔者将着眼点放在大数据对管理会计的创新驱动上，依次对大数据推动管理会计信息的量化和集成、大数据促进管理会计工具的应用创新，以及大数据提升管理会计价值创造能力等进行了介绍，让读者对大数据推动管理会计的创新有一个清晰的认知。

在第三章中，笔者分别从管理会计职能的转变、业财融合的进一步深化，以及管理会计的数智化转型这三个方面进行了介绍。针对其中的重点部分，结合相应案例进行了详细介绍，更为直观地呈现出大数据技术驱动下管理会计的发展趋势。

在第四章中，笔者主要论述了大数据驱动下企业战略管理的创新实践。首先，介绍了企业战略管理会计的发展；其次，对大数据重塑企业战略管理会计流程进行了概括性的论述；最后，介绍了大数据驱动下企业战略管理会计的应用路径。这样可以让读者对大数据驱动下企业战略管理创新实践有更加清晰的认知。

在第五章中，笔者将企业成本管理分为五个部分，即预算成本管理、生产成本管理、组织成本管理、管理成本管理、投融资成本管理，分别进行了成本管理创新实践的论述。在实际的成本控制创新实践过程中，管理会计人员可以根据不同的成本管理特点，灵活设置相应的成本控制模式，有效地实现对不同成本项目中各个环节的有效控制。管理会计人员通过对各个成本环节不合理数据的捕捉，发现其中存在的问题，并选择相应的策略，达到合理控制成本的目的。

在第六章中，笔者针对大数据驱动下企业风险管理创新实践主要介绍了三部分内容，分别是大数据对企业风险管理的影响、大数据驱动下企业风险管理模式创新、大数据驱动下企业风险管理的实施路径，重点围绕实施路径进行了详细阐述。

在第七章中，笔者对大数据驱动下管理会计创新实践的现状和发展趋势进行了总结。

黄斌

2023 年 2 月

目　录

第一章 绪 论

第一节 研究背景

大数据成为推动经济转型发展的新动力。以数据流引领技术流、货物流、资金流、人才流等，将深刻影响社会分工协作的组织模式，促进生产组织方式的集约和创新。大数据推动了社会生产要素的网络化共享、集约化整合、协作化开发和高效化利用，改变了传统的生产方式和经济运行机制，可显著提升经济运行水平与效率。大数据持续推动商业模式创新，不断催生新业态，其应用范围已由互联网等新兴行业拓展到各传统行业，发展成为促进业务创新增值、提升企业核心价值的重要驱动力。大数据产业正在成为新的经济增长点。

我国对大数据等新兴技术在社会经济发展中日益凸显的重要作用高度重视，并发布了一系列纲领性文件，有效推动了大数据与国家各项产业的融合。

与此同时，围绕管理会计创新与发展的各种专题研究、案例库建设等都在广泛开展，如上海国家会计学院承担了由财政部组织的三项有关管理会计专题的研究。2017 年 11 月，由上海国家会计学院、上海财经大学等联合主办的“大数据与管理会计创新”论坛在上海国家会计学院举行。与会政府部门官员、学界专家、国际机构代表及代表性企业负责人就“信息革命：数据引领未来”“大数据与管理会计理论创新”“实践应用：大数据与会计实践创新”“管理会计的未来”等多个专题进行了研讨，积极响应国家政策，探讨大数据在这一趋势下的理论创新与实践应用。

近年来，学界高度重视管理会计的创新与发展，并力图引领人们更加关注管理会计、重视管理会计、研究管理会计，促进管理会计广泛应用。会计作为整个社会经济管理的职能性工作之一，需要进行核算、计量，只要市场经济存在就仍需要会计，因此会计行业不会消失。但当下会计行业不仅技术手段发生了变化，行业的边界、组织的边界、组织内部的职能边界都在发生变化，在新技术不断涌现的情况下会计行业及会计从业者必须进行自我改造。会计行业如果仅满足于核算这样的基本功能是远远不够的，会计人员需要全面地武装自身，增强综合能力，不仅要掌握会计知识和技能，更需要将会计知识和应用知识相融通，即业财融合，为企业的发展作出贡献。只有明晰业务发展过程中的问题、痛点，才能进一步去思考决策者在何时、哪些环节需要何种信息，通过构建何种系统可以获取此类信息，进而更好地在企业的发展中发挥作用。

基于以上所述内容，本书将围绕大数据与管理会计的融合创新、实践应用等进行深入研讨。在数据驱动时代，数据影响着人们生活的方方面面，对管理会计也产生着重要的影响，这需要会计学界及管理界高度关注、深入研究，从理论和实践两方面积极探索新技术形势下管理会计发展的前景。本书便是基于当下的时代背景，开展关于大数据技术与管理会计的融合应用、创新实践等问题的探讨，旨在为管理会计研究人员及从业人员提供一定的参考和必要的指导。

第二节　研究意义

在本节，笔者着重从战略管理、成本管理、风险管理三个领域，介绍了大数据技术驱动下管理会计理论与工具方法创新的研究意义。

一、战略管理领域

在战略管理领域，管理会计将大数据等新技术用于管理会计工具方法创新，有利于加强企业战略管理的科学性和有效性，这主要体现在以下两个方面。

（一）战略环境分析方面

最初，一些学者研究了 SWOT 分析法在战略环境分析中的应用情况。例如，聂丹使用 SWOT 分析工具，从内部优势与劣势、外部机会与威胁四个方面对北京马拉松赛事战略环境进行分析，通过对影响赛事的各类环境因素进行综合分析，提出了开拓型、争取型、抗争型和保守型等战略组合。再如，张瑾选取余额宝作为案例，结合大数据技术，利用 SWOT 工具研究互联网金融企业战略环境问题，指出在该领域，可以将收益、流动性、客户及操作等优势确定为内部优势，将货币的流动性和收益性、安全性、网络信息安全不确定性及与法律纠纷等劣势确定为内部劣势，将创新、金融体制改革等机遇确定为外部机遇。

其后，随着大数据技术的发展以及战略环境动态可视化需求的出现，人们开始关注战略地图在战略环境分析中的应用。王楠以博鳌亚洲论坛为例，从客户、内部流程、学习成长和财务四个方面对战略环境进行动态选择分析，并提出营利与非营利组织战略地图使用的不同之处是客户与财务在战略地图上的位置。邵胜华在以 A 高校为例，基于战略地图针对高校战略管理研究中指出，可以运用战略地图描述学校战略环境重点，也就是可以将战略地图与关键指标法相结合，共同服务于战略环境的分析。

由此可见，近几年在战略环境分析研究方面，SWOT 分析工具随着时代发展和理论的不断完善，其早期多应用于传统行业领域，现在借助大数据技术不断向教育管理、互联网金融、环境资源、城市发展、社会服务等领域延伸。而战略地图工具的应用正处于功能完善阶段，多与具体行业及其他管理会计工具结合应用。①

① 张晓雁，秦国华．管理会计 [M]. 厦门：厦门大学出版社，2016：377.

（二）战略管理观念方面

在大数据技术的驱动下，管理会计和战略管理相结合，产生了企业战略管理会计。战略管理会计借助对大量数据的分析，把企业内部和外部的数据信息整合起来，为实行科学的管理策略提供数据支持，从根本上扭转了企业战略管理观念，促使企业管理者形成大局意识，全方位分析企业现状，使企业良性发展。

具体而言，一方面，战略管理会计能够帮助企业管理者树立主动学习、终身学习的理念，主动参与有关培训，学习先进的管理经验，通过财务指标分析与非财务数据分析来掌握企业的真实情况，从重视企业当前利益转变为重视企业长远发展，并结合企业的实际状况作出战略决策，构建适合企业发展的战略体系。另一方面，战略管理会计能够促使企业之间形成有序、健康的竞争。这是由于战略管理会计的信息可以重复利用，企业之间通过财务信息的共享，可以避免恶性竞争的出现。

总之，在大数据时代，战略管理会计对于企业战略管理观念的进步意义重大，不仅能够增强管理者对于宏观经济环境的把控，还有利于加强企业战略对市场变化的适应性，使企业能更科学地制定管理战略，指导经济活动的开展。

二、成本管理领域

数据时代给多变的市场经济环境增加了不确定性，与此同时，不断增长的各种成本物资费用加剧了企业之间的竞争，怎样更好地控制成本就成了企业管理会计的研究重点。在企业成本管理中，管理会计创新是提升成本管理效能的关键所在，创新运用大数据时代的企业管理会计工具，可以给企业管理者带来更精准的会计信息，为相关决策提供支持，有利于提升企业成本分析水平，使企业成本管理上升到战略层次，如图 1-1 所示。

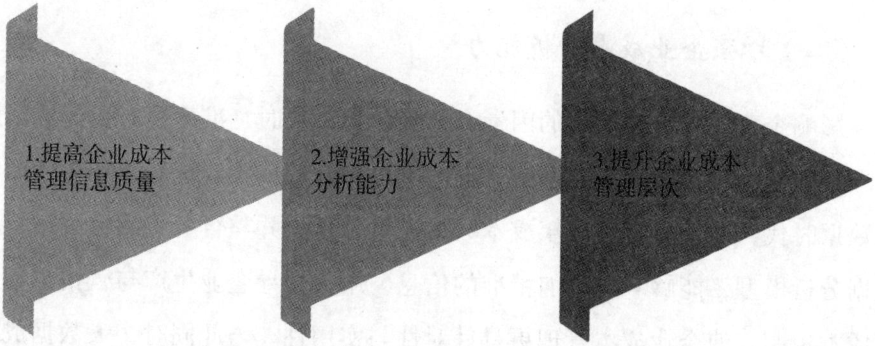

图 1-1 成本管理领域研究意义

（一）提高企业成本管理信息质量

大数据技术的应用促使企业对成本管理信息的获取途径以及处理方法进行创新，转变了企业成本管理的传统模式。在企业传统成本管理模式下，成本核算方法比较陈旧，如利用简单的工时标准对间接费用进行归集与分配，随着间接费用占据企业经营成本比例的上升，成本管理的传统模式已经不适用，大数据的普及给成本管理模式带来了改变的契机。

一方面，在大数据环境中，企业应用管理会计中的作业成本法核算成本，对间接费用进行成本划分和作业成本库的归集，以弥补传统成本管理中间接费用处理的不足之处。与此同时，大数据推动企业对相关作业活动进行分析，聚焦一系列作业活动组成的整体作业链，从宏观上进行成本管理和改进成本控制流程，为企业的成本管理提供新方式，增强了成本信息获取的针对性。另一方面，企业的成本计算涉及许多业务单元，成本要在基本生产车间与辅助生产车间、半成品与完工产品之间进行多次归集和分配，其计算量大、流程多，人工计算不可避免地会出现错误。而大数据计算是计算机科学和数学学科全面融合的产物，极大地减少了人工计算量，提升了计算精度，可以有效降低成本计算与分析过程中人为错误的出现概率，节省时间成本与人力资源，能够给企业带来更精准的成本管理信息。

总之，大数据推动了企业传统成本管理模式的变革，有利于企业获取更精准的成本管理信息，提高成本管理水平，助力企业更好地开展成本核算和成本控制。

（二）增强企业成本分析能力

影响企业成本管理效果的因素有很多，为了及时、准确地对企业成本进行理性的分析和评判，应在企业管理中引进先进的成本管理思想和手段。在大数据时代，通过对企业历年成本数据进行分析，并整合各类影响因素建立数据分析模型，能够掌握更加精准的信息，用于指导企业生产与营销过程中的成本控制，使企业成本管理更具针对性与实用性。与此同时，大数据成本管理能够使企业对同行业企业的情况有更深入的了解，增强成本分析的科学性与合理性，节约时间成本与人力资源，对制定切合现实状况的战略决策具有指导价值。

总之，大数据驱动管理会计进行了多维度创新，有利于增强企业的成本分析能力。而当一个企业拥有了较高的成本管理水平时，该企业就可以在与同行业企业的竞争中取得成本优势。

（三）提升企业成本管理层次

大数据技术的推广与普及，使企业成本管理日益成熟。基于这种情况，企业越来越趋向于运用大数据来获取成本优势和增强企业竞争力，使成本管理提升到战略层次。

具体而言，大数据在给企业成本管理模式带来冲击的同时，还增强了成本管理在企业中的作用。在竞争激烈的市场环境下，为了寻求成本优势并实现有限资源的最大化利用，企业越来越注重成本管理。目前，大数据已经广泛应用于各行各业，数据成了企业重要的核心资产之一。对海量数据进行挖掘与分析，会为管理者提供一个看待市场与机遇的新视角，并为公司提供一个全新的发展模式、发展方向与投资机会。将大数据和管理会计适时结合起来，运用到企业成本管理中，能够使管理者及时发现自身在成本管理中的不足，明白企业在行业中所处的位置和企业自身的情况，及时改进成本管理方法以降低成本，使自己的产品拥有更大的市场竞争力，获取更高利润，从而逐渐将企业成本管理提升至战略层次。

三、风险管理领域

企业任何经营活动都无法在无风险的封闭环境中进行，对现代企业来说，管理层需提高风险管理意识，并有效地配合财务工作人员防范和管控各种实际和潜在的财务风险。在风险管理领域，大数据与管理会计的应用将有利于企业识别相关风险，并及时采取措施应对风险，提升风险管理能力。

通常情况下，现代企业财务风险主要有企业内部风险和企业外部风险两种。企业利用大数据适时构建数据库，落实风险识别、风险等级划分、标识提醒等工作，可以保障现代企业的营运安全。企业利用大数据技术能够有效地收集跟风险有关的数据，去伪存真、去粗取精，筛选出重要的信息，然后对这些信息进行有效的分析和鉴别，得出具有价值的风险信息分析结论。按风险等级分类，不同等级以不同颜色标记，以提醒管理人员采取有效的应对措施，以备后续开展风险控制工作。财务工作人员必须有效地利用大数据技术和管理会计工具方法，采集、储存、分析财务风险信息数据，并构建有效的风险防范机制，实时地分享这些数据信息，使得企业管理人员能够对下级各个风险点状况进行控制，实现自上而下的管理，最终提升风险管理能力。

第三节　相关概念与理论基础

一、相关概念

（一）大数据

1. 背景

2012 年，维克托 · 迈尔 - 舍恩伯格出版了《大数据时代》一书，被誉为“大数据商业应用第一人”。2013 年，IBM 公司提出了大数据的 5V 特征：第一，Volume，即巨量的大数据；第二，Velocity，即及时、高速的数据分析；

第三，Variety，即数据来源和种类的多样化；第四，Value，即商业价值高、价值密度低；第五，Veracity，即真实、有效的数据。

2. 概念

大数据的定义可以从三个方面来理解。第一，大数据是一种海量资讯，其可以通过特殊软件、工具、系统完成数据攫取、管理、处理、整理的过程，让数据最大限度为企业服务。第二，大数据是一种信息资产，其有利于促进流程的优化，提高决策者的洞察力与决策力，适应信息技术的飞速发展。第三，大数据是一种规模大到在获取、存储、管理、分析方面大大超过传统数据库软件工具能力范围的数据集合。

3. 特征

（1）容量大。随着时代的发展，获得数据的途径越来越多，创造数据的主体越来越多。具体而言，造成数据容量大的原因是：一方面来源于人，即人通过各种电子设备创造数据，如用手机编辑短信、发微信、拍照片等；另一方面来源于各种自动化设备搜集的数据，如自动记录设施、自动化传感器收集的数据，还来源于自动流程记录、互联网点击以及电话拨号等产生的数据。这些数据每时每刻都以指数级的量增长。互联网中的数据成为这些数据的重要组成部分，达到 ZB 的量级。如何对这些大数据进行有效分析和利用成为大数据时代各主体需要重点思考的问题。

（2）类型多。数据来源的多样性主要体现在收集数据的形式多。数据形式主要包括结构化数据、半结构化数据、非结构化数据等。数据来源的多样性还体现在数据格式多，如模拟信号、视频、图片、音频、文本等多种形式。类型多样的数据给企业带来了新的思考，如何将多样的数据运用于企业的决策、管理中，成为现阶段管理会计创新的重要切入点。

（3）速度快。大数据的速度快，一是指数据的产生速度快，二是数据的处理速度快。在数据产生速度上，有些数据是以秒为单位产生巨量数据，如大型强子对撞机在工作中每秒可以产生 PB 级的数据；有些数据虽然个体在单位时间内产生的数据少，但是此种数据的用户多，导致相应数据产生的数量较大。在数据处理速度方面，大数据通过批处理和流处理的方式实现快速处理数据，其中批处理是将静止数据转化成正使用数据，流处理是将动态数据转化成正使用数据。

（4）价值低。在互联网中，数据的体量越来越大，而数据的价值越来越低。如何在有限的时间和精力下收集对企业有用的信息成为提升数据价值的关键。对此，相关设计人员可以尝试借鉴数据融合的方式，即通过设置多种形式的数据源实现最大范围的数据收集，并运用多种数据分析方法，借助模糊逻辑法、鲁棒优化技术或云计算等，实现有效数据的“提纯”，提高数据的价值。

4. 方法与流程

（1）大数据分析方法。首先，大数据分析法以某种算法和模型为手段，对大量的数据进行挖掘和整理；其次，大数据分析法通过对这些数据的加工，研究数据背后存在的规律，指导后续工作。在大数据分析法中，数据的挖掘对整个数据的分析起到决定性作用。常用的数据挖掘法由多个学科组成，如决策理论、信息处理系统、数据库管理、人工智能知识、统计学、计算机算法等。通过大数据分析法的运用，企业管理会计人员可以将分析的结果作为未来决策制定以及风险预警的依据。下面主要介绍如图 1-2 所示的几种大数据分析方法。

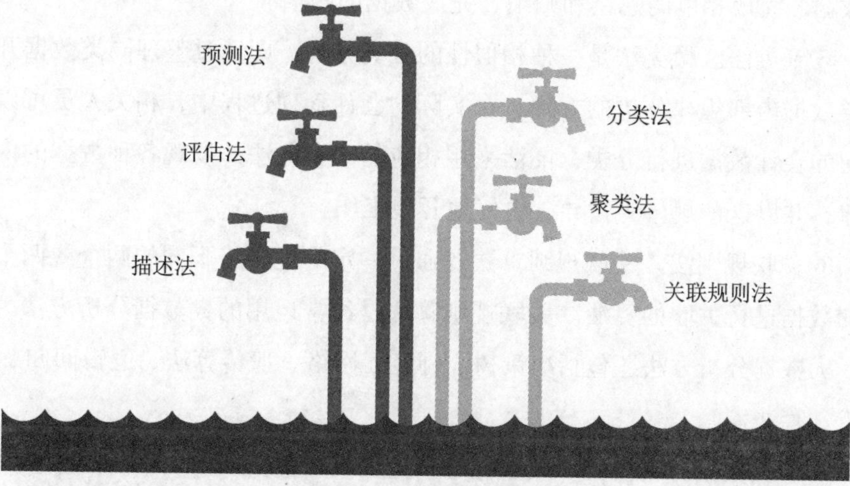

图 1-2 大数据分析方法类型

①描述法。描述法是将数据转化成图形的描述方式，包括图形、图表模型等。例如，管理会计在制作报表的过程中可以对数据进行整理和加工，并结合具体的需要，制作相应的图形，如折线图、饼状图、柱状图等，利于后续工作的开展。

②评估法。评估法是一种对数据进行预估和预测的方式。评估法分为三个步骤：首先，了解数据。相关人员需要了解预测变量值的范围。其次，对比数据。相关人员通过将新观测的结果与目标变量、预测变量进行对比。最后，大体预判。相关人员通过对比数据，对相应数据作出大体预判，并提前制定相应的策略。常见的评估方法分为多元回归、简单线性回归、执行区间评估、点评估等。

③预测法。预测法是通过对现有数据的分析，把握其中的规律，并对未来数据进行预测。就现阶段而言，企业会计可以整理各个部门的支出数据，并对这些数据进行深入分析，合理判断未来各个部门的开支，提前作好相应的预算或及时规避相应的风险。

④分类法。分类法是将各种混乱的数据按照一定的规则进行针对性整理，实现对数据有效归类的过程。在实际操作中，首先，相关人员需要设定相应的规则，如设定数据阈值。其次，相关人员以设定的阈值为依据，整理对应的数据，分析数据在同一阈值中的变化。最后，相关人员需要根据整理的数据，完成相应的总结和归纳，完成数据的归档。

⑤聚类法。聚类法是一种相似性的分类方式，即通过整理同类数据开展同类数据内部规律分析的方式。在实际的会计管理过程中，相关人员可以对不同的会计数据进行分类，灵活采用相应的聚类方法，发现各种数据的内部规律，并以这些规律为指导，更好地开展工作。

⑥关联规则法。关联规则算法是通过一定的逻辑将不同的两个或两个以上的数据进行关联的算法。关联规则算法是经常运用的大数据分析方法。此外，大数据分析方法还包括决策树、神经元网络、遗传算法、逻辑回归、K-最近邻算法等。

（2）大数据分析流程。大数据分析流程主要包括以下六个阶段。

①业务理解阶段。在业务理解阶段，相关人员需要对具体的业务进行整

体性、动态性了解，既要了解业务的实际内容、目标，又要了解业务目标的达成方式以及预期结果，提前做好相应的流程以及对应的注意事项。以企业财务风险为例，管理会计首先需要了解企业财务数据的意义，结合往年的财务数据，分析引起财务风险的因素、企业常用的财务风险方法以及后续的效果。在此之后，管理会计可以分析最终的财务风险规避效果与财务方法的内在因果联系，提出针对性的建议。通过此种方式，相关人员可以对业务形成整体的认知和理解。

②数据理解阶段。在数据理解的过程中，相关人员需要对不同的数据进行分析，如结构化数据、非结构化数据、视频数据、图像数据和文本数据等。在实际运用方面，管理会计人员通过阅读上述数据的方式，了解企业的各项指标，如偿债能力指标、成长能力指标、盈利能力指标、经营能力指标等。

③数据准备阶段。数据准备阶段主要包括数据的抽取与清洗、数据的处理与转化。在数据的抽取和清洗阶段，相关人员可以结合实际进行数据的提取，注重提取具有极高联系的数据，实现有效的数据整理。在数据的处理和转化阶段，相关人员可以采用降维处理的方式，即剔除数据中不合理的部分，保存其中有价值的数据，为后续工作奠定良好的数据基础。

④模型建立阶段。在模型建立阶段，相关人员需要建立数据分析模型，并结合企业实际的业务、财务状况不断优化、调整，获得最优的数据模式。

⑤模型评估阶段。模型评估阶段的主要工作内容是对模型的综合评估。在实际评估方面，相关人员可以从模型设定的步骤、参数入手，以最终的结果为依据进行立体化评估。

⑥部署落实阶段。部署落实阶段主要是通过数据模型进行分析，得出结果。在分析数据、得出结果的过程中，相关人员需要通过模型挖掘数据资源，分析数据的规律，并进行相应的处理，形成相应的报表或报告。

（二）管理会计

1. 概述

（1）管理会计的定义。管理会计是从现代会计中分离出来的，主要负责为企业的决策提供依据，能促进企业资金的合理配置，满足企业内部的经营管理需要、适应市场竞争，最终达到提高企业经济效益目的。

（2）管理会计的发展。管理会计主要目标是优化企业内部经营管理，提高企业经济效益，提升企业实际生产经营水平。管理会计是在遵守财务制度的条件下，协助管理者准确把握企业战略方向、提高经营绩效的综合管理工具。企业管理者根据管理会计人员编制的管理会计报告，对经营管理活动进行科学的调控，在帮助企业提高核心竞争力、提高经济效益方面起着重要作用。① 从改革开放至今，我国的管理会计在理论研究与实践应用上都取得了很大进步，社会各界已注意到管理会计对企业经营管理的重要作用，后续的深入研究已势在必行。② 1978 年是中国改革开放的第一年，也是出现大量管理学新概念和新方法的一年。其中，管理会计作为会计学的重要分支，开始引入中国。它关注的是企业的整体利益和长期发展机制，它是经济不断发展的产物。这一时期管理会计具有一定的自发性与本地化特征。在此期间，中国主要研究西方管理会计的发展历史以及学习西方如何界定管理会计的范围，对西方管理会计的概念进行具体定义。③ 20 世纪 90 年代，我国学者对中国管理会计理论及其应用进行了研究，讨论了我国企业对管理会计工具的开发情况和应用中产生的问题，如公司引入作业成本法、应用预算系统对企业产生的影响。通过研究从西方引入的管理会计理论，如经济效益概念、开放性概念、市场竞争概念、时间价值和预测决策概念，我国传统的会计观念渐渐发生了改变。许多公司在学习了西方管理会计之后，会计系统已经从传统的会计核算类型变为预算型，从单一会计管理类型转变为多方面控制型，实现了很大的跨越。④

① 张先治，王兆楠，柳志南．基于管理会计的企业管理控制模式创新探讨 [J]. 会计研究，2017（12）：24–29.

② 冯巧根．改革开放 40 年的中国管理会计：导入、变迁与发展 [J]. 会计研究，2018（8）：12–20.

③ 关瑞娣，南星恒．新常态下中国特色管理会计的创新与发展：中国会计学会管理会计专业委员会 2016 年专题研讨会综述 [J]. 会计研究，2016（11）：92–94.

④ 谢志华，敖小波．管理会计价值创造的历史演进与逻辑起点 [J]. 会计研究，2018（2）：3–10.

从实行改革开放到2000年，引入西方管理会计概念已有20多年。这个时期中国学者对中国管理会计进行了初步的实践探索。我国1992年确定了经济体制改革的目标是建立社会主义市场经济体制，1993年建立了现代企业制度，实施了税制和分税制度改革，促进了管理会计制度的发展。这一时期，越来越多的中国企业开始注重核心竞争力的提升，注意到管理会计的重要性。

在2000年以后，我国管理会计进入了全面快速发展阶段。我国于2001年成为世界贸易组织成员，随后市场逐步开放，政府干预逐渐减少，企业自治权逐渐增强。随着企业间竞争的日益激烈，越来越多的企业开始重视管理会计，我国的管理会计发展逐步走上正轨。从2014年到现在，是政府引导管理会计发展的新阶段，管理会计在企业管理中的作用更为突出。为进一步加快管理会计的发展、全面推进并完善管理会计体系建设，使我国会计工作不断适应社会经济发展，财政部先后出台了一些政策。随着管理会计的飞速发展，企业不断引入、应用和创新管理会计工具，未来，我国的管理会计体系将逐步形成具有中国特色的理论与实践体系，与财务会计齐头并进，为企业创造价值。

2. 作用

（1）提供会计数据支撑。资金是企业运营的“血液”，而财务数据是企业“血液”流动状况的指示表。管理会计的主要职能是检测企业“血液”的流动状况，以不同的形式，如图表、图像、视频等形式呈现数据，并制作相应的财务报表，让企业中的管理层在制定企业战略时获得数据支撑。

（2）参与决策制定。管理会计参与制定的决策的内容是与企业资金相关的事宜，具体包括如下两方面：第一，融资。在企业融资的过程中，企业管理会计需要参与企业融资的成本、风险以及规模的探讨，提出针对性的建议，使融资获得的效益最高，使融资的损失降到最低。第二，投资。企业管理会计需要参与讨论投资事宜，与相关的决策者共同分析投资环境、投资规模和投资收益，最大限度地提高资金使用效率，发挥管理会计在决策中的积极作用。

（3）实现资金管理。企业管理会计需要对业绩进行审核，着重从如下几个方面入手：首先，监控。企业管理会计运用大数据对资金数据进行有效监控，保证资金的有效运用。其次，管理。企业管理会计可以结合企业发展实际，参与相应计划的执行，真正保证各项会计计划的有效执行，促进目标的达成。最后，对比。企业管理会计需要将计划目标和达成的目标进行对比，对会计计划进行综合分析，调整其中的不合理部分，提高企业资金的使用效率，最大限度地对资金进行有效管理。

3. 新特点

（1）深度融合内外部海量数据。对于企业而言，数据是非常重要的战略资源，也是管理会计应用的基础。在大数据的驱动下，管理会计的智能应用范围不断扩大，在公司中的作用愈加明显。因此，企业管理会计需要从内部和外部两个方面进行会计数据的整合，为企业的各项管理工作提供强有力的数据支撑。在外部数据收集和整合方面，公司管理会计需要对外部数据进行整合，如客户数据、产品数据、交易数据、市场数据等，从宏观的视角分析公司所处行业的变化以及本公司在行业中所处的地位。在内部数据分析方面，企业管理会计需要对企业内部的数据进行整合，如财务数据（包括负债、资金、利润、成本、收入等）、业务数据（包括产品数据、客户数据、渠道数据、生产数据以及研发数据），为后续财务报表的制定提供强有力的数据支撑，同时为企业决策和经营提供依据。

管理会计需要参与目标的制定、计划的落实、预算的审核以及资源的运用，注重从内外部数据的综合运用入手进行预算管理。首先，利用企业的内部数据。在财务数据方面，管理会计需要整理和分析收入和费用数据；在业务数据方面，管理会计需要整合业务数据。其次，利用外部数据。企业管理会计需要搜集竞争对手的状况、市场发展状况等。最后，管理会计需要将内外部数据进行有效整合，制定相应的预算方案。在此过程中，管理会计需要运用新一代信息技术，如大数据、物联网等，实现对内外部会计数据的采集，为企业提供有力的数据支撑，制订更为科学的财务计划。

（2）提供实时、动态数据服务。管理会计需要适应大数据背景下各种会计数据实时更新、数据数量不断增长的情况，并通过各种新型技术，对动态化、实时性的数据进行有效管理，适应新一代信息技术下的会计应用创新发展需求。基于上述目的，企业可以引入智能管理会计系统，实现如下功能：首先，存储数据。在处理数据时，该系统可以通过优化算法和存储结构的方式实现对数据的有效整理和存储。其次，提升系统性能。该系统可以将数据读写请求转换为内存读写和内存计算，提高对数据的处理频率和速度。通过引入此种智能管理会计系统，管理会计可以进行主动实时决策，构建基于预测而非响应的业务模型。

以预算管理为例，大部分国企采用年度预算的方式，即采用一年一考核、一年一评价的形式，但是随着时代的发展，年度预算对公司实际运营的指导作用越来越弱，滚动预算能够更好地为决策和预算控制提供支持。为了达到这种效果，企业管理会计可以将智能企业管理会计信息系统运用到日常的管理中，开展动态性的预测，甚至是实时业务预测，为会计工作的开展提供强有力的指导。

（3）直接赋能企业业务发展。在大数据驱动下，管理会计一方面在数据加工、数据整理以及数据采集方面获得较快发展；另一方面可以有效地支持管理决策，为一线业务赋能，为运营端提供支持。通过大数据的运用，管理会计既可以获得高质量的、全面的数据，又可以增强对数据的分析能力、计算能力以及治理能力，实现与业务经营的完美融合，即进一步促进与生产、销售、产品供应链以及新产品的研发等价值链环节方面的具体业务的连接，达到为业务运营赋能的目的。

例如，大数据驱动下的管理会计既可以运用在零售企业基于场景化应用开展区域单品的销售预测中，也可以运用在房地产对所持有房产的价值分析中，还能够运用于制造企业针对重点产品开展营销协同性分析的过程中等，为业务运营赋能。

（4）充分应用人工智能技术。大数据驱动下的管理会计主要应用于三个方面：第一，运算智能化。管理会计运用大数据实现高效的存储和运算。第二，感知智能。管理会计可以运用大数据实现对数据的智能化处理，即让相应的系统实现对数据的“能听会说，能看会认”。第三，认知智能。管理会计可以运用大数据，根据得到的各种会计数据进行推理和思考，实现对数据的有效分析。

以数据分析为例，大数据驱动下的管理会计可以实现对数据的快速、多维分析，输出或保存相应的分析报表。总之，通过运用大数据，管理会计可以实现财务预测、经营推演以及风险量化，甚至在未来智能管理会计系统有可能直接取代管理会计岗位。

（5）更具有前瞻性。在大数据驱动下，管理会计运用各种财务数据，既可以分析当下的情况，又能够预测未来的情况，即通过运用诊断性分析和描述性分析，将当前财务数据与历史数据进行融合，挖掘财务数据规律，分析各种财务活动的发生过程以及发生原因，并实现对未来财务数据以及企业财务活动的准确预测。在具体的财务预测中，管理会计使用大数据构建应用模型，实现对未来数据的准确预测，通过预测性分析、自主性分析以及优化性分析的形式，充分运用数据模型对事件作出预测，提供具有借鉴性的建议。

简而言之，管理会计运用大数据构建数据模型，将企业内部的数据，如订单数据、投诉数据输入数据模型，让数据模型根据具体的静态化财务数据规律模拟出动态化的预测性财务数据模型，为后续财务政策的制定提供有力的数据支撑。

4. 构成

（1）管理会计的本质和对象。管理会计是通过数据化来研究和反映企业利益相关者行为的科学，主要从主体、客体、过程、规范、结果以及关联性等多个形态研究利益相关者行为。大数据驱动下的管理会计则是基于智能共享，从多维度对一个组织利益相关者的行为进行观察和关联性分析，为后续公司在财务方面的决策提供具体的建议。具体而言，管理会计主要是从决策支持、结果分析、演化机制、路径网络以及行为关联五个角度入手，分析一个组织利益相关者的行为。管理会计的对象由五部分构成，即生产过程数据化、生产管理数据化、产品创新数据化、经济管理数据化、经济调节数据化。

（2）管理会计的框架。大数据驱动下管理会计框架主要由一个目标、四个基础、六大领域、若干工具、一套报告以及一套系统构成。一个目标指的是为企业创造利润。四大基础包括管理基础、数据基础、人才基础以及技术基础，其中的管理基础包含制度体系、战略体系、文化体系、道德体系、伦理体系。六大领域是风险管理、投融资决策管理、经营管理、成本管理、绩效管理、预算管理。若干工具是作业成本管理（ABM）、平衡计分卡（BSC）、本量利分析、战略地图等。一套报告包括成本报告和绩效报告。一套系统是智能化管理会计系统。另外，管理会计并不是各个管理工具的简单应用，而是这些工具的有效联动，使管理会计工具发挥的作用最大化。

（3）管理会计的基础。管理会计的基础是财务数据共享。财务数据共享一共分为三个阶段，分别是核算共享、业财一体化共享、智能共享。核算共享是企业中的各个部门借助网络实现核算数据的有效共享。业财一体化共享，即打通财务系统和业务系统，实现记账自动化、业务数据生成自动化，利于提高信息录入效率，促进财务管控和分析能力的提高。智能共享是指实现战略数据、业务数据、财务数据、利益性相关者数据在时间和空间方面的共享，增强这些数据之间的关联性。

财务数据共享实现的基础是技术应用。管理会计需要的技术支持系统如下：基础层面是物联网，为区块链、移动互联、互联网提供数据；区块链、移动互联和互联网起桥梁的作用；大数据技术和机器智能将非结构化的信息转化成可供决策使用的信息。

（4）决策的流程。管理会计决策的流程如下：以利益相关者的需求为依据确定价值，根据利益相关者的价值确定目标，结合目标确定存在的问题，以问题存在的原因为突破口制定相应的策略，结合实际策略确定落实的方法，立足落实的方法培育管理会计人员的相关能力，利用各个管理会计人员的能力优势进行人力资源的有效整合，以人力资源为突破口确定利益相关者所作的贡献。

（5）管理会计的分析体系。大数据驱动下的管理会计体系主要包括全生命周期成本体系、物料流成本体系（MFCA）、绩效棱镜分析体系、盈利质量分析体系、经济增加值（EVA）分析体系、净资产利润率（ROE）分析体系、资产利润率（ROA）分析体系、价值创造模型的设计体系。

5. 应用

（1）战略管理。企业总体发展战略对于企业的发展具有重要影响，一方面它决定了企业发展的方向和目标，另一方面它是企业持续健康发展的关键。战略管理主要包括战略竞争分析、战略成本管理、价值链分析、战略投资规划、战略业绩评价、战略客户管理等方面内容。在实际的战略管理过程中，管理会计负责向企业提供竞争对手的信息，参与企业的战略制定，主要从战略管理内容入手，真正让企业通过落实发展战略获得生存和发展的机会。

（2）预算管理。预算管理是指管理会计对一系列与企业经营相关的未来活动，如财务活动、经营活动、投资活动等，进行的预期管理以及对应制度的安排。预算的作用有三点：第一，有效促进企业各级经营管理人员进行有效的自我约束、管理和发展。第二，实现企业内部管理的科学化和规范化。第三，有利于企业协调，有助于控制标准的制定，有益于确定考核依据。管理会计为了实现有效预算管理需要明确预算的内容，即从业务预算（包括管理费用预算、直接人工预算、直接材料预算、生产预算以及材料预算）、财务预算（包括现金收支、财务状况以及经营成果三个方面的预算）、专项预算（包括筹资预算以及资本支出预算）三个方面内容入手，旨在细化企业战略、促进企业激励机制的构建、实现股东权益的最大化、有计划地开展生产经营活动，提高企业的生命力。

（3）成本管理。成本管理是对企业经营过程中所进行的一系列成本管理活动的总称。以经济用途为依据，成本管理分为两大部分。第一部分是生产成本，包括直接材料、直接人工、制造费用（主要是间接材料、间接人工以及其他制造费用）。第二部分是非生产成本，包括管理费用、销售费用以及财务费用。常用的成本管理方法包括作业成本法、目标成本法、变动成本法、标准成本法等。成本管理旨在提高对成本的控制力，提高内部绩效评价以及产品决策科学性，增强企业产品的市场竞争力。

（4）营运管理。营运管理是指管理会计为了保证企业各个生产活动的顺利开展而采取的管理活动。营运管理内容主要包括管理层内部的控制管理、销售管理、产品生产管理、人力资源管理等。管理会计在营运管理的过程中，既要考虑实际的营运管理目标，又需充分挖掘个人的管理优势，合理选择不同的管理方法，实现营运管理效益的最大化。

（5）投资管理。投资管理是指管理会计对企业投资方案进行分析、评价、选择，最后确定的全过程。长期投资管理对企业发展的意义重大。长期投资管理得当，则企业可以迅速发展；长期投资失误，则企业面临发展困境。因此，管理会计应该重视投资管理，深入分析影响投资管理的因素，如货币时间价值、投资的风险报酬、资本成本以及现金流量等。此外，管理会计还要掌握投资决策的基本分析方法，如静态分析方法、动态分析方法等，实现投资管理效益的最大化。

（6）业绩评价与激励。业绩评价与激励的重要性主要体现在如下两点：第一，企业绩效管理的核心部分是业绩评价与激励管理。第二，对企业不同级别人员以及各个部分进行有效管理离不开业绩评价与激励，并以非财务业绩和财务业绩为重要业绩评价指标。为了实现有效的业绩评价和激励，管理会计需要使用合理的业绩评价工具——平衡计分卡，将其作为以客户视角、财务视角、内部经营管理过程视角进行业绩评价的重要依据。此外，在激励方面，管理会计可以从经理人报酬制度、员工持股、管理层收购与股票期权等角度入手，灵活采用不同的奖励方式，激发企业各个层级员工的工作潜力。

二、相关理论

（一）价值链理论

价值链这一概念是由迈克尔·波特提出的，他把企业增加价值的活动分为基本活动和支援活动两种，其中基本活动包括进料、生产、发货、售后等活动，支援活动包括企业基础设施的建设、人力资源管理、研究与开发、采购等。这两种活动组成了企业的价值链。[①]

虚拟价值链是互联网迅速发展的产物。哈佛大学的学者杰弗里·雷鲍特和约翰·斯维奥克拉认为，互联网背景下的企业主要有两种竞争，一种是可以肉眼看到的由物质资源组成的物质世界，叫“市场场所”；另一种是由大量信息流构成的看不见的虚拟世界，称为“市场空间”。对企业来说，这两个世界有不同的竞争规则。一般把传统价值链中的信息流看成企业在增值过

① 于丽．基于价值链理论下的管理会计研究 [J]. 大众投资指南，2018（17）：60，62.

程中的辅助部分，虚拟价值链不单单指信息流的增值，还包括实体价值链的整体增值。虚拟价值链主要通过对信息的收集、归纳、筛选、整合和分配来创造价值。信息流改变了物质流的发展，还促进了新产品和新服务的产生，最终提升了企业核心竞争力。

（二）波特五力管理理论

波特五力分析模型是20世纪80年代初由迈克尔·波特提出的管理理论。他认为，行业存在着五种力量，它们共同影响行业的吸引力和现有公司的竞争战略决策。这五种力量分别是行业内竞争对手的竞争力、潜在竞争对手的进入能力、替代品的替代能力、供方的议价能力、买方的议价能力。

波特五力分析模型可以用来分析一个企业的优势和劣势。它可以准确地为一个企业定位，帮助企业认清形势，为后期的战略决策提供依据。波特五力分析模型也可在对五个要素的分析中选择有较大优势的竞争企业，尽量避免这五个因素中没有优势甚至相对较差的企业。此外，还可以分析一个企业今后是否还有更大的发展空间或潜力，为该企业的投资决策指明方向。①

（三）核心能力理论

1990年，美国学者普拉哈拉德和英国学者哈默在《哈佛商业评论》上发表了题为《公司核心能力》的文章，首次提出了核心能力理论。此后，核心能力理论作为管理理论界的前沿理论备受关注。学术界虽然对核心能力的界定有不同看法，但普遍认为核心能力能够有效帮助企业得到核心竞争力，是企业在长期发展过程中逐渐积累起来的能力，也是企业的最宝贵的战略资产。根据分析和总结，笔者认为核心能力具有以下几个特性。

一是价值性。核心能力能够提升用户价值，尤其是在提升最终产品的用户价值上有着重要意义，是用户价值的源泉。

二是独特性。这种能力是企业所特有的，是独一无二的。

三是难以模仿性。核心能力是企业在特定发展过程中产生的，是独一无二的，具有不可还原性，其原因模糊不清，其他企业难以模仿。

① 樊向东．基于波特理论商业银行提升竞争力的战略研究 [J]. 财经界，2015（15）：9，42.

四是延伸性。核心能力能帮企业衍生一批新产品和服务，使企业扩展相关的业务领域。

五是动态性。核心能力是企业资源长期积累的结果，它是动态变化的。随着时间、环境以及市场需求的变化，企业战略目标也会随之发生变化。因此，企业的核心能力需要适时进行重建。

六是综合性。核心能力并不只是一种能力，而是综合了多种能力。从知识角度来看，它并不是单一学科知识的积累，而是在多学科知识长期的交叉作用中积累起来的。

（四）目标设定理论

美国马里兰大学的经营管理学兼心理学教授洛克和休斯在一次研究中发现，奖励、工作反馈、监督压力等外来刺激都通过目标对动机产生影响。目标引导人们按照难度大小调整努力程度，影响行为的持久性。根据这一发现，洛克和莱瑟姆设计了个体目标设置与绩效的复杂模型，从该模型中可以看出导致个体高绩效水平的变量及其关系。该模型的基本观点是，让人们对目前的绩效与期望达到的目标进行比较，因此赋予动机。人们通常认为，在目标确定之后，如果发现现在的水平达不到目标的要求，就不会感到满足。一般人们相信努力工作，业务水平提高，就能最终取得成功。因此，一旦确定目标，所期望的绩效类型和水平就能更加明确。①

① 林峰．浅析企业管理会计的目标设定策略 [J]. 决策与信息，2015（5）：79.

第二章 大数据对管理会计的创新驱动

第一节 大数据推动管理会计信息的量化和集成

大数据应用推动管理会计信息的量化和集成，体现在会计数据的收集、处理、输出三个方面。下面着重从大数据推动管理会计信息量化和集成的表现、应用两个角度进行详细论述。

一、大数据推动管理会计信息量化和集成的表现

（一）会计信息的收集

大数据背景下，收集会计信息的方式有三种。

第一种，软件接口方式。此种方式需要企业进行如下操作：将软件设计者请到现场，让他们了解所有财务系统、业务系统流程，商讨财务数据库相关的软件接口如何设计，制订可行的方案，充分发挥软件接口方式的优势，实现会计数据传输的实时性和可靠性。

第二种，开放数据库方式。开放数据库是一种最为直接的实现数据采集和汇集的方式。开放数据库需要两个数据库之间具有同种类型的数据。在实际的数据库设计过程中，企业可以以两个数据库是否在同一个服务器上为思

考点，采用不同的连接方式。假如两个数据库在同一个服务器上，并保证用户名没问题，即可实现数据的交流。假如两个数据库并未在同一服务器上，则采用链接服务器的方式。开放数据库方式的连接可以提高会计数据采集的准确性和实时性。

第三种，基于底层数据交换的数据直接采集方式。此种数据采集方式的逻辑如下：通过流量包式的软件系统进行多种数据交换，如底层数据、数据库与软件客户之间的交换，以网络分析和底层 IO 请求为技术基础，以目标软件产生的数据为方向，以数据的重新结构化和转化为方式，实现将数据转入新数据库的方式。此种数据采集方式的优点如下：第一，实施周期短、配置简单。第二，实时进行数据采集，采集数据响应速度达到秒级。第三，具有较强的兼容性，可以兼容 Windows 平台中的各种系统数据。第四，输出的结构化数据为大数据挖掘、分析、应用提供基础。第五，自动建立数据关联的周期短，具有高效性。

总而言之，在大数据采集方式的选择过程中，管理会计人员既要认识到数据采集的重要性，又要结合实际的企业发展状况灵活选择合适的数据采集方式，真正将大数据技术科学、合理地运用在日常的会计管理工作中，使会计数据效益最大化。

（二）会计信息的存储

1. 存储空间

大数据背景下，管理会计人员所要处理的数据空间不断扩大，开始逐渐向 TB 级别方向发展。其原因在于，管理会计人员在处理企业内部数据的同时，还要关注竞争企业的相关数据、本行业的数据等，这给企业的数据存储带来了新的挑战。

2. 存储内容

企业管理会计人员需要根据具体的内容设计不同的数据模块，实现对数据的有效整理、分析，实现精细化管理。在实际的工作中，管理会计人员可以根据实际状况，利用大数据技术将会计数据划分成销售数据库、生产数据库、采购数据库等。

3. 存储结构

数据结构非常复杂，大体分成三类：结构化数据、半结构化数据、非结构化数据。企业的财务数据的90%左右是半结构化数据和非结构化数据。结构化数据是指以二维表结构为逻辑表达形式，以行为单位的数据。非结构化数据是数据结构中没有预定义，数据结构不规则、不完整的数据模型，包括管理会计中的音频、视频、HTML、图片、文本以及办公文档。半结构化数据是结构化数据的一种形式，包含相关的标记，用来分隔语义元素及对记录和字段进行分层。

（三）会计信息的分析

1. 以云计算为核心的分析形式

云计算分析的优势是提高数据传输和共享的实效性，即在保证数据不失真的情况下，实现最高速的不同结构数据之间的转化。在以云计算为核心的数据分析中，常见的数据分析工具为因果预测分析工具、时间序列分析工具、回归分析工具、决策树分析工具、聚类分析工具等。

2. 兼顾集中式和分布式的分析形式

集中式分析是指会计运用主机架构、客户机服务器架构、浏览服务器架构等，对数据进行集中处理的形式。在大数据驱动下，数据量的指数化促进"在线""全量"的产生，催生了分布式的数据处理方式，即通过Storm计算架构和Hadoop计算架构实现对数据的分布式处理。总之，管理会计人员通过运用集中式和分布式的数据分析形式，能够进一步促进细致化数据分析方式的产生，提升整体的数据分析效率。

3. 由数据仓库到深度学习的分析形式

传统的数据仓库分析是指管理会计人员将会计数据看成"数据仓库"，

对这些数据进行简单的汇总和分析，形成相应的会计报表。深度学习分析是指管理会计人员通过大数据技术对各种数据结构，如结构化数据、半结构化数据以及非结构化数据进行深度学习，分析其中具有内在价值的数据的过程。

（四）会计信息的输出

会计信息的输出呈现出多样化特征。为了满足不同的会计输出需求，管理会计人员需要灵活设计相应的会计输出内容形式。具体而言，管理会计人员可以从数据的结构类型入手，输出结构化数据、非结构化数据以及半结构化数据，以具有直观性的数据呈现形式来呈现会计信息，为企业的发展提供支持。

二、大数据推动管理会计信息量化和集成的应用

（一）应用框架

笔者在运用大数据推动会计信息量化和集成应用框架的建构中，转变传统的财务数据分析和业务数据分析失衡的状况，通过运用大数据技术以及信息化手段，实现业务数据与财务数据的有效融合，并注重从五个层面构建应用框架，如图 2-1 所示。

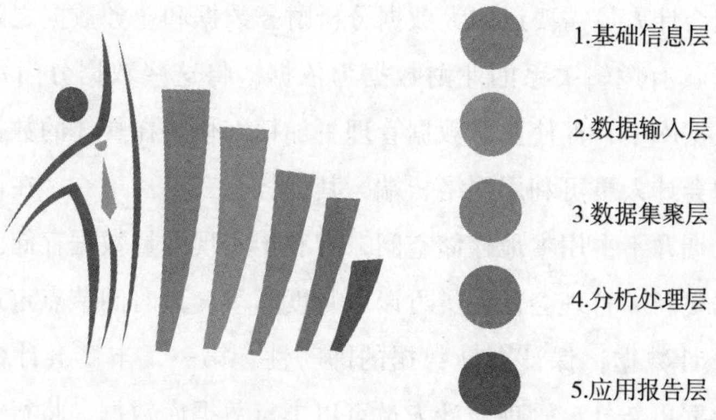

图 2-1　应用框架

1. 基础信息层

大数据驱动下的基础信息层主要由财务数据和业务数据两部分构成。业

务数据主要是指在业务生产过程中产生的各种数据，包括事物状态变化的相关信息以及交易进展状况，即合同信息、业务订单信息、客户服务信息、人员变动信息、生产流程信息等。财务数据主要是材料采购信息、成本信息、收入信息、资产折旧信息等。

2. 数据输入层

数据输入层的作用是将基础信息层的信息录入相关系统。为此，数据输入层需要具备完善的输入控制逻辑，保证同一类型数据的来源以及渠道的一致性；确保财务数据与业务数据共享数据的高效性（通过集中处理非结构化数据、结构化数据以及半结构化数据的形式）；促进财务数据与业务数据的有机融合（以计算机技术为手段，建立各个子系统的对接接口，提升数据自动传输的效率），最终达到为大数据驱动下会计管理应用提供基础性数据的目的。

3. 数据集聚层

数据集聚层的作用是完成对输入层数据的分类、汇总以及上传，为后续数据的分析和模型的搭建提供具有基础性、动态性的数据支持。在上述步骤中，管理会计人员需要运用大数据分析财务数据和业务数据之间的内在逻辑联系，以具有逻辑关系的业财数据为依据，将这些数据分门别类地整理到相应的数据库中，促使业财数据管理更加精细化。在具体的数据库管理过程中，管理会计人员可利用网络云端，其优势有三点：第一，在占用空间方面，网络云端并不占用本地存储空间，有利于实现海量数据存储。第二，实现会计数据更新。管理会计人员可以以月度、季度为时间节点定期更新网络云端中的会计数据，保证会计数据的即时性。第三，丰富会计数据。除了进行会计数据更新外，管理会计人员可以丰富数据库数据，将行业数据、竞争对手数据上传存储至网络云端，为后续分析以及报告的形成提供强有力的数据支撑。总而言之，管理会计人员可以发挥网络云端数据存储空间大、可即时更新数据具有多样性的优势，在数据集聚层完成对数据的分类和高效整理，促进后续对数据的有效分析。

4. 分析处理层

分析处理层的作用是通过一定的方法，对网络云端的数据进行计算、加工和建模，进一步提炼出有利于企业决策的有价值的信息，并通过直观的形式呈现出来。在实际的会计数据分析过程中，管理会计人员以云端的大数据分析平台为主要手段，综合运用时间序列分析工具、回归分析工具、决策树分析工具、聚类分析工具等，以实际的管理需求为方向进行会计数据模型的构建，准确预测相应的数据，达到为决策提供有价值信息的目的。

5. 应用报告层

管理会计人员以相应的会计数据模型为依据形成多维度业财融合管理会计人员报告体系。因为这种报告是为了满足管理层或是企业实际管理需要而生成的，所以这种报告不具有固定的报告时间、类型和格式。在大数据的驱动下，管理会计人员可以有效把握各个方面的会计数据，生成具有实时性的、多维度的管理会计人员报告，促进各项会计工作的顺利进行。

以成本管理会计人员报告为例，会计人员可以生成以成本归集、成本分配、成本耗费和成本投入为基础的多维度成本管理报表。为了进行业绩考核，会计人员需要实时合成多种主体的业绩考核报告，如员工业绩考核报告、各部门业绩考核报告、企业总体业绩考核报告等。

（二）在供产销活动中的具体应用

1. 采购活动数据的产生及流动

采购活动主要由采购信息的产生及流动、资金运动过程、业务过程的处理几部分组成，涉及业务流、资金流、信息流和利益相关者流。管理会计人员通过将应用框架运用在采购活动中，一方面可以促进财务信息与业务信息的有效分享和整合，另一方面可以为采购活动的决策、管理、控制提供强有力的数据支持。

（1）采购活动信息的产生及流动。

①在业务层面的采购活动主要分为制订采购计划、选择供应商、制定采

购单、签订采购合同、物资的发货及运输、物资的验收入库、采购货款的结算七个步骤。

步骤一，制订采购计划。管理会计人员需要以库存状况和生产计划为依据，制订采购计划，审核采购计划，促进采购相关活动有序、科学地开展。

步骤二，选择供应商。在供应商的选择过程中，管理会计人员既要考虑现有供应商的财务状况、原材料的供应链状况，又要将现有供应商的原材料质量成本、交货表现作为重要审核要素，对现有供应商的表现进行审核。在对上述情况进行全面分析后，管理会计人员可以选择新的供应商，或是与现有供应商继续进行合作。

步骤三，制定采购单。管理会计人员在制定采购单时，需要保证各个项目填写完整。首先，填写完整的货物信息，如必须有货物的编号、名称、数量、单价、总价以及备注等项目。其次，填写明确的交货时间以及地点。再次，填写其他相关要求，如货物的包装方式、运输方式。最后，填写时间信息，如付款时间信息以及逾期交货需付的违约金。

步骤四，签订采购合同。在采购合同的签订过程中，管理会计人员需要注意如下三点：第一，了解采购双方的基本状况，如管理会计人员需要了解供货商的资金流、信用状况等；第二，严格审核采购合同条文，尤其是采购商品的标准、交货地点、发货地、接发货物的时间等；第三，明确采购双方在此过程中承担的义务以及违约需要承担的责任。

步骤五，物资的发货及运输。在发货以及运输的过程中，管理会计人员需要进行物资发货、运输信息的追踪，保证物资及时发货。同时，管理会计人员还需要审核物资的型号、数量以及质检报告。

步骤六，物资的验收入库。在物资验收入库阶段，配送人员将货物进行分类放置后，管理会计人员需要仔细阅读收货方的发运单，在确认无误后，填写货物确认通知单。

步骤七，采购货款的结算。在大数据的驱动下，管理会计人员可以采用电子结算方式，并注重使用多种电子审核机制，一方面在本企业进行多层级审核；另一方面让供货商开展多层级审核，保证结算方式的安全性。

②其他利益相关者管理。首先，在进行其他利益相关者管理过程中，管

理会计人员需要保证采购活动中涉及的资金运动与资金层中的会计科目相对应，其主要包括应付职工着薪酬、应交税费、在途物资、应付账款、预付账款、银行存款等项目。其次，在资金信息流动过程中，管理会计人员需要先让信息流流向利益相关者，之后再流向信息层。在对供应商评级时，管理会计人员可以将此项信息直接导入信息层。总之，管理会计人员通过应用框架实现对采购活动数据的有效把控，为后续活动的开展提供强有力的数据支撑。

（2）供应商数据库。供应商数据库的作用是为选择合适的供应商提供数据支撑。管理会计人员可以通过浏览供应商数据库，了解基础信息层中的各个供应商的相关信息，如供应商的名称、所在地区、信用记录、合作意识等，也可以通过供应商评估体系了解本企业对合作供应商的评价，如在服务质量、供货能力、信用状况等方面的评价；还可以通过各个供应商立体化的评价模型，对供应商进行全方位了解，选择更为可靠的供应商。

（3）采购资金管理数据库。采购资金管理数据库的作用是让采购活动占用的资金实现可视化，让管理会计人员以实际的采购资金运用状况为依据，为后续的资金预算、管理和控制提供数据支撑。下面主要从应付账款和预付账款两个方面进行介绍。

在应付账款方面，在基础信息层，管理会计人员可以输入有关采购资金的信息，并收集存储在采购资金管理数据库中的数据。一方面可以对多种资金科目开展多维度分析，如应付账款、银行存款和预付账款，并生成相应的分析维度表；另一方面汇总和分析开支情况，以发票记录和采购合同为依据，建立应付账款发生日期、支付方式、支付日期等应付账款分析维度表，检查企业采购货款的偿付能力，及时还清贷款。

在预付账款方面，首先，管理会计人员可以根据预付账款的各项信息，如预付账款金额、发生日期以及发货日期建立多维度应付款分析表。其次，管理会计人员可以汇总历史采购成本和费用，了解历史上的采购项目，如入库前的挑选整理费用、运输费用、采购金额等在公司总资金中的占比，结合采购计划制订采购预算计划，让采购部门结合采购预算计划进行相应采购。

总之，通过从应付账款和预付账款两个方面入手，管理会计人员不但可以了解现阶段采购资金的流动状况，对其中的问题进行针对性解决，还能够结合历史采购数据，构建相应的多维分析表，合理预判未来的资金需求状况；并结合网络云端中基础数据的变化状况，合理控制采购资金数量，缩小预付款预算与实际之间的差距，提高资金的运用效率。

（4）原材料采购管理数据库。原材料管理数据库的作用是整理基础信息层的数据，并将原材料的类别、采购数量、业务人员信息、物资型号和规格、单价及金额信息存储在该数据库中，并结合公司原材料的实际运用规律设置相应的最低库存预警。管理会计人员可以定期浏览该数据库数据，了解现阶段的库存信息，及时与采购部门联系，提前几天进行相应原材料的采购，满足企业的实际经营需求，将可能出现的生产危险消除在萌芽状态。

2. 生产活动数据的产生及流动

生产活动数据的产生主要来自生产信息以及与生产信息相伴的资金流信息。管理会计人员通过应用框架，可以以生产数据为依据了解实际生产活动状况，在对产品生产进行即时性监控的同时，为后续产品的生产提供全面的数据信息支持，促进企业生产活动的科学进行。

（1）业务层面的生产步骤以及生产数据报告的形成。

①业务层面的生产步骤。业务层面的生产大体分为四个环节：一是领料环节，二是生产环节，三是完工入库环节，四是成本费用的归集和分配环节。具体的生产活动分为如下几步：第一，制订生产计划。管理会计人员根据企业的销售订单和销售计划制订生产计划。第二，制定生产订单。管理会计人员根据具体的生产计划，与生产车间主任商讨，制定具体的生产订单。第三，领用生产物料。车间生产者根据周计划、天计划制定相应的生产物料电子票据，进行相应生产物料的领取。第四，安排生产。车间生产者以生产线、生产流程、单个产品的生产节拍为依据安排实际生产。第五，投入生产。在实际生产过程中，车间生产者需要根据实际的生产量、物料的供应状况，在完成生产计划的基础上，合理调整每天的生产数量。第六，质检入库。车间生产者将检验合格的产品入库，并统计入库的产品质量。第七，统计费用。车间生产者在生产结束后，需要与管理会计人员协商，通过归集和

分配的方式统计成本费用。

②生产数据报告的形成。在生产数据报告的制作过程中，管理会计人员既可以全面地收集管理数据，如用料管理数据、生产过程管理数据、工时管理数据、固定资产管理数据、质量管理数据等，又能够收集全面的生产数据，如结构化数据、半结构化数据以及非结构化数据，还能够借助大数据分析平台，建立生产数据模型，为后期的生产数据报告的形成提供强有力的信息支撑。

（2）产品数据库。产品数据库包含的内容多种多样，如产品质量检测数据、成本结构数据、完工程度数据、生产数量数据、生产工艺流程数据、生产批次数据、产品型号数据、产品名称数据。在实际的产品成本控制过程中，管理会计人员结合实际灵活选择对应的成本分析方法，如混合成本分析法、变动成本法等，将这些方法运用在计算获取产品直接材料、直接人工与制造费用的占比以及与其额定预算和往期同类型产品成本的差额上，形成相应产品成本分析报表。管理会计人员根据成本分析报表，分析在生产过程中存在的具体成本差异，与车间厂长商议具体的改善措施，获得相应的建议，在保证产品质量的同时，最大限度地降低生产成本，形成良好的规模效益，提高市场占有率。总之，在使用产品数据库的过程中，管理会计人员综合分析各项生产数据，探究生产数据与历史数据、预计数据的差距，并与车间管理人员商讨探究具体成因，提出合理化的建议，实现对整个产品生产过程的合理把控，提高产品生产效益，发挥管理会计人员的积极作用。

（3）设备数据库。设备数据库包含质量检测数据、设备的使用状况数据、设备剩余使用年限、设备的累计折旧率等。管理会计人员可以将这些数据以可视化的方式呈现出来，了解设备的布局以及运行状况，生成设备生产状态报告和质量检测报告，将这些报告及时传递给维修人员，让维修人员可以根据数据及时发现其中的问题，最大限度地降低设备在生产中出现毁损和故障的概率，提高产品的生产效率，从而达到降低生产成本的目的。

（4）员工数据库。员工数据库包含的内容多种多样，如日常出勤、工资、文化程度、工龄、岗位等信息。管理会计人员根据上述信息，设定相应的评价指标，对员工进行多维度的评价，生成电子式的业绩评价报表，让企业管理者根据具体报表，结合员工的实际表现进行针对性评价，激发员工的斗志，让员工在工作中发挥创造力，促进整个企业生产效率的提升，创造最大的经济效益。

3. 销售活动数据的产生及流动

（1）销售活动过程。在业务层面的销售活动过程包括如下步骤：第一，制订销售计划。管理会计人员以企业生产能力以及市场需求为依据制订销售计划。第二，设定商品价格。管理会计人员可以与销售人员商讨，了解市场上的商品价格，在综合考虑企业成本的同时，设定商品价格。第三，签订销售订单和合同。管理会计人员需要参与实际的签订合同和订单的过程，认真阅读相应的条款，了解其中的权利和义务。第四，商品发货。在商品发货的过程中，管理会计人员需要认真阅读发货电子单据，定期与发货人员进行沟通，了解实际的货物运输期限，定期进行追踪，保证货物按时到达目的地。第五，销售收款。在销售收款的过程中，管理会计人员需要与销售人员实时沟通，结合销售人员的实际业绩，形成相应的业绩报告，为后期的业绩考核和奖励提供数据支撑。第六，售后服务。在进行售后服务的过程中，管理会计人员可以通过显性和隐性沟通两种方式发挥沟通桥梁的作用。在显性沟通方面，管理会计人员可以通过网络沟通的方式，了解购买者的使用体验。在隐性沟通方面，管理会计人员通过运用大数据整理消费者对产品的评价，分析产品中真正存在的问题，并将这些问题反馈给企业中的生产部门、设计部门，不断对现有的商品进行升级，提高企业商品的竞争能力。

（2）形成销售报告。销售报告的形成需要经过如下步骤。

第一，数据库的分析。基础信息层的作用是分析各种销售数据，包括企业销售数据、外部互联网数据等。数据输入层负责对基础信息层数据进行分类整理，并通过数据共享功能实现全系统的销售数据共享。数据集聚层的作用是对收集的销售数据进行精细化分类，划分成销售管理数据库、商品管理数据库、销售资金管理数据库、客户管理数据库等。

第二，形成数据报表。管理会计人员通过运用多维度的销售电子报表，一方面可以了解本行业的市场结构，进行合理的市场预测，计算成本，分析产品未来销售过程中的具体盈利能力；另一方面可以进行同类竞品的分析，分析竞品在设定价格后的盈利空间等，合理设定产品价格，使其迅速占有市场份额，让企业真正保持在市场中的优势。

在具体的数据报表制作过程中，管理会计人员以管理需求和目标为依据，在运用大数据分析平台的基础上，将各种业务数据和财务数据进行深度加工、挖掘和分析，形成多维度的销售电子报表，其主要包括销售计划、销售收款、销售订货、销售定价等，让管理者以此为依据进行未来管理策略的制定。

第三，形成销售报告。首先，对销售订单中的各种数据报表进行有效挖掘，如商品的型号、付款条件、运送方式、付款条件等。其次，收集外部渠道的数据，比如，客户数据、产品的价格以及具体的变动规律，旨在通过上述操作摸清商品价格的规律，并结合实际，灵活设定商品价格、销售数量、销售利润等，形成相应的销售报告。

总而言之，管理会计人员从数据库的分析、形成数据报表以及形成销售报告等入手，更全面地了解销售过程中的各项数据，并与同年数据、往年数据对比，加深对市场规律的认知，运用这种规律准确预判企业在生产中将会面临的问题，制定相应的策略，提高公司的实际销售额度。

（3）销售资金管理数据库。销售资金管理数据库的作用是实现销售资金流动的可视化，它主要包括三种资金流的状况，即预收账款、应收账款、银行存款，以及三种资金流在总资金中的比例。管理会计人员通过将三种资金的流动比例与银行周转率进行对比，分析企业的实际经营状况，提出具有针对性的策略。比如，在某一时期，管理会计人员发现应收账款的比例过大，则说明这一期间的利润虽多，但是实际收益相对较少，这种状况对企业的生产经营十分不利。基于此种状况，管理会计人员可以对企业应收款项进行详细分析，并从客户、时间、市场等多个维度入手，综合运用大数据生成多维度的应收款分析表，建立相应的应收款催收机制，让企业负责该任务的部门及时催收，达到按时收款的目的。总之，管理会计人员运用销售资金管理数据库，借助大数据的力量形成多维度分析表，更直观地了解销售资金的运行状况，提出具有针对性的建议，减少不必要的资金风险，构建良好的资金流动模式。

（4）客户管理数据库。客户管理数据库的作用是存储客户的三类信息，即关联类信息、行为类信息、描述类信息。其中，关联类信息是评定客户具有可靠性的关键信息，包括客户对售后服务的满意度、对产品的忠诚度、对交付相应金额的守信度等。行为类信息是客户在网络中留下的浏览痕迹，包括已成交和未成交的商品购买记录。描述类信息是客户的基本属性信息，包括客户的联系方式、客户地址、客户姓名。

为了更立体地分析客户，管理会计人员需要运用客户管理数据库中的数据，从不同的角度入手分析相应的客户信息。第一，分析客户需求，生成客户需求报告。管理会计人员运用大数据技术充分挖掘客户的行为类信息和关联类信息，了解他们的需求偏好以及对产品的忠诚度，生成客户需求报告，以客户的需求为依据制定具有针对性的营销策略。第二，了解客户满意度，生成客户满意度调查报告。管理会计人员可以深入挖掘关联信息，了解客户对产品的满意之处和抱怨的关键点，生成客户满意度调查报告。更重要的是，管理会计人员可以将客户满意度报告提交给产品设计部门，让他们在保留产品优势的基础上针对客户提出的问题，对原有的产品进行改善和优化，设计出满足客户需求的产品。第三，对客户的信用等级进行排序，生成客户信用评级报告。管理会计人员可以深入挖掘客户的信用数据、收入数据等，并以此作为对客户进行信用评级的重要依据，针对不同的客户采用不同的赊账金额和期限，从而降低企业在资金信贷方面的风险。因此，管理会计人员运用大数据形成客户需求报告、满意度报告、信用报告，可以立体地分析客户，充分运用客户信息，设计超出客户期待的产品，促进企业市场竞争力的提升。

总之，管理会计人员通过运用数据库中的采购活动数据、生产活动数据以及销售活动数据，实现对企业各个阶段生产活动的精准控制。例如，在制订生产计划时，可以结合生产活动中的历史数据；在制订采购计划时，可以充分利用采购活动数据；在制订销售计划时，可以利用销售数据。更关键的是，在制订全面计划时，管理会计人员可以综合利用采购、生产以及销售方面的数据，实现全方位的数据整理，制定多维度的预算方案，实现对公司财务管理的调整。

第二节　大数据促进管理会计工具的应用创新

一、企业管理会计工具的创新研究

在大数据的驱动下，管理会计人员以新思维、新技术、新方法为方向，以完成企业预期目标为目的，在充分听取全体员工建议和想法的基础上，将管理会计工具灵活应用于强化内部管理、部门绩效考核、运营成本控制以及前景预测方面。在整合大量采购数据、生产数据、销售数据的基础上，制定提高企业效益的会计管理目标，将管理会计工具创造性地应用在实际生产中，促进该企业经济效益最大化提升。

下面以 M 企业为例，从将管理会计工具创造性地应用在实际生产中，促进该企业经济效益提升的角度出发，具体介绍管理会计工具的应用过程。M 企业是一家综合型制造企业，以塑料制品、塑胶模具的生产、开发和研制为主业。具体而言，该企业管理会计工具的创新主要体现在如下四个方面（见图 2–2）。

图 2–2　企业管理会计工具的创新

（一）以实现初期控制成本为目标的预算管理体系

在大数据的驱动下，管理会计人员通过管理会计工具可以在企业的发展中充分发挥作用，实现有效预测和防范企业风险，促进各个部门员工潜能的充分挖掘，继而节省各个部门的生产成本，提高企业整体的管理水平。

在实际的初期预算管理过程中，该企业着重按如下四个步骤落实。

第一，创新预算定位。预算定位是预算管理体系的基础，决定着企业运营战略的整个方向。基于此，该企业通过创新使用定位预测类管理会计工具和预算环境类管理会计工具，实现高效运用大数据技术，进行预算数据的存储、分析、整合和输出，最终达到创新预算定位的目的。

第二，构建预算体制。在构建预算体制的过程中，该企业充分运用大数据技术，开展切合企业实际的预算管理信息处理体系的构建，注重以部门为单位构建相应的责任体系。让各个部门综合运用大数据存储技术、查询与分析技术、安全技术，将各个部门的最终数据上传到网络云端，由管理会计人员进行整理，实现精准预算体制的构建。

第三，闭环管理预算流程。在闭环管理流程的设计中，该企业把握预算的核心要点，形成一套完整的预算流程，着重从确定预算目标、编制和控制预算、分析预算、对预算进行改进和调整，到最终进行预算考核等，形成相对完善的闭环流程。

第四，引入预算模型。该企业将预算模型引入整个预算管理中，在大数据技术的支持下，综合运用各种预算模型，如滚动预算模型、作业预算模型、生产预算模型、目标测算模型等，实现有效的预算控制。

（二）以实现生产成本控制为目标的工序单价核算

该企业的主营业务是塑胶模具，生产呈现流水化和批量化的特点。在传统的成本核算中，该企业以不同的成本项目为依据，归集并计算成本，存在成本难控制、会计人员工作量大的问题。基于对本企业生产方式和成本核算方式的了解，该企业创新会计管理工具，对相应的生产数据进行标准化处理，实现计算的高效性。

在实际的生产过程中，企业首先要对现阶段的生产成本进行分类，将其划分为直接成本和间接成本。直接成本包括人力成本和原材料成本；间接成本是其他辅助性的生产成本，如水电支出、租金支出等。

在了解成本的基础上企业要分析与工序单价相关的数据，具体分为如下步骤：第一步，明确工序单价。将塑胶模具生产流程进行拆分，划分出最小的工作单元，并对这些单元进行难易程度的划分，即分出一般工序、次重点工序、重点工序。在此之后，以秒为单位，结合每个工序的难度以及当地的平均工资，确定每个工序的秒工资，得到工序单价。第二步，有效传递分配工序岗位信息，合理控制成本需求。在确定工序单价后，生产车间工作人员可以根据工人的生产能力，划分相应的工序岗位，如重点工序岗位、次重点工序岗位以及一般工序岗位等，并将这些分配工序岗位信息传递给管理会计人员，以及对应的管理会计工具数据库，让管理会计人员更为精准地进行企业的成本控制。第三步，核算工人明细工资。管理会计人员需要与生产车间工作人员沟通，通过相应的生产数据进行人均日定额产量统计，公开核算中的各个组工人的明细工资。

需要注意的是，在上述三个步骤中，管理会计人员参与车间工人的分配工序岗位，运用管理会计工具，保证薪资发放的公平公正，还应注意将塑胶模具的品类和生产效率作为薪资高低的重要依据。

（三）以实现组织成本控制为目标的业务流程再造

大数据技术具有细微化、多角度、深层次的特性。企业将管理会计工具运用在业务流程的优化上，可以充分发挥大数据技术的特性，既可以从整体上把控生产流程，又能对流程中的细节进行把控，最终达到控制组织成本的目的。

在再造业务流程时，该企业将大数据技术运用在内部组织的控制中，以动态发展和内生演化为核心，对现有的业务流程进行改造和改进，提高组织内部各个行为主体之间的协作程度，达到优化整个业务流程的目的。以该企业的塑胶模具制造流程为例，企业运用管理会计工具，充分利用大数据技术，对其中的六个环节，即接受订单、模具设计、模具加工、检验试模、模具修改和模具保养，实施流程再造，并对各个流程进行深入分析，如在检验加工过程中，缩短模具制造时间、延长程序编制时间等，即对相应的工序进行有针对性的优化，减少不必要的工序，牢牢把握核心工序，提高生产效率，达到控制组织成本的目的。

（四）以实现管理成本控制为目标的平衡计分卡绩效考核体系

1. 平衡计分卡绩效考核体系建立的目的

为了适应信息环境，在市场竞争中获得优势地位，企业管理者通过运用平衡计分卡，将企业的愿景和战略转化成行动，以实现财务目标为核心，发挥业绩驱动作用，并平衡好财务、客户、内部经营流程、学习与成果之间的关系，提高企业在市场中的竞争力。

2. 平衡计分卡的构成

平衡计分卡的核心是愿景与战略，四个要点分别是财务、内部经营流程、学习与创新、客户。其中，财务是指应该向股东展示什么；内部经营流程是指要使股东和客户满意，哪些业务流程要有所改进；学习与创新是指要实现设想，要如何改变和提高能力；客户是指要实现设想，应该向客户展示什么。

3. 构建以平衡计分卡为核心的管理成本控制体系

在构建管理成本控制体系的过程中，企业以财务层面的体系为核心，主要以提高生产效率和增加营业收入为核心点，注重构建以财务、内部经营流程、学习与创新、客户为四大要点的管理成本控制体系。

首先，财务。在财务体系构建的过程中，着重从财务性指标入手。以实际的降低生产成本为例，管理会计人员在设定绩效评估指标的过程中，既要从整体的企业销售额入手，又需注重细节，侧重从产品的角度切入，如产品质量、产品功能、产品生产效率等，旨在生产出物美价廉的产品，扩大企业市场份额，提升盈利水平，最终降低生产成本。

其次，内部经营流程。内部经营流程包括短期现有业务改善和长期业务改善两个部分。在短期现有业务改善方面，管理会计人员可以以市场对产品的需求、用户的需求和反馈为依据，积极向产品研发部提供相应的需求报告，促进对现有产品的改进和优化，最大限度地提升产品销售量，扩大产品市场，提升整体的经济效益。从长期业务改善方面来说，管理会计人员可以深入探索市场需求规律，跳出客户的需求，从增加产品的价值入手，研制改进产品、研发产品生产报告，将其传递给产品设计部门。在降低产品生产成本的基础上，提高产品的附加值，让产品遵循市场发展规律，引领消费者需求，提升市场份额，从而降低成本。

再次，学习与创新。管理会计人员可以定期组织员工进行针对性培训，重点从两个方面入手：第一，提高员工的专业技能。管理会计人员可以结合本企业的状况，邀请本企业的优质的人才，让其对员工进行针对性的培训，提高员工的专业技能，以提高产品的生产效率，最大限度地降低企业生产成本。第二，培养员工的创造思维。管理会计人员可以通过绩效考核的方式，鼓励每一位员工参与工作创新，并以具体的创新方式为依据进行有针对性的奖励，让更多的员工参与工作创新，减少不必要的工作环节，达到降低生产成本的目的。

最后，客户。客户层面的降低成本主要是以提高营业额为核心方式。在实际的执行上，管理会计人员可以参与市场部门的新客户开发和旧客户维护的战略制定中。在旧客户的维护上，管理会计人员为了提高客户的忠诚度，可以以评定的客户等级为依据，给予相应的优惠，提高客户的购买频次。在新客户的开发上，管理会计人员一方面可以与市场部门协作，从营销方式入手，开拓新市场，达到增大产品营销力度的目的；另一方面可以与生产和设计部门协作，从客户的意见及竞品的优势入手，解决现有产品所存在的问题，丰富产品的功能，制造新的卖点，吸引更多的忠诚客户，达到提高市场占有率、提升新客转化率、获得较高销售额的目的。

二、以降低生产成本为目标的企业管理会计工具应用建议

（一）搭建云会计预算信息系统，实现企业成本控制全面化

在运用管理会计工具的过程中，企业可以引入云会计预算信息系统，实现对各个部门预算的合理把控，最大限度地降低各项成本。具体而言，管理会计人员可以将此系统运用在如下四个方面。

第一，实现预算流程的全覆盖。管理会计人员可以将此系统运用在各个部门的预算统计中，如采购部门、生产部门、销售部门、人力部门、后勤部

门等，了解各个部门的历史支出状况以及实际支出状况，为财政预算提供有力的数据支撑。

第二，实现预算项目全生命周期管理。在实际的预算中，管理会计人员可以将此系统运用在企业产品开发项目的评审、绩效评估、申报、审核、储备、预算安排、追踪等管理流程中。

第三，实现电子化预算管理。因为网络云端的管理会计数据具有实时分享性，所以管理会计人员可以收集实时的数据，制作具有时效性的各类电子预算报表，将其发送给相应的部门，实现电子预算管理的高效化。

第四，实现大规模数据的集中处理。通过引入云会计预算信息系统，管理会计人员可以让本企业采用同一个系统，解决大型企业的数据断层、数据无法共享、流程脱节、业务割裂等问题，最大限度地将采购、生产、销售和售后各个环节的数据集中起来，立体化地分析整个企业的问题，提出具有建设性的策略建议，降低各个环节中的成本，实现对各个部门预算的全面控制。

（二）打造企业生产标准化体系，实现企业成本控制升级

与传统会计工作内容不同的是，管理会计需要重视财务和业务两个方面的内容。在实现企业成本控制升级的过程中，管理会计人员可以将目光放在业务活动上，实地考察具体的业务状况，从细节入手，发现业务中存在的资源浪费状况，合理利用大数据与会计工具开展多层次的分析，制定相应的策略，促进最终问题解决，实现成本控制升级。

例如，管理会计人员可以运用管理工具，通过如下方式进行成本控制升级。

首先，落实责任到人制度。管理会计人员可以综合运用变动成本法、作业成本法、标准成本法和混合成本法，与生产部门负责人协商，落实责任到人制度。一方面了解各个岗位的工作内容，具体包括原材料费用、人工费用、能耗费用等；另一方面建立相应的奖惩机制，尤其是培养员工的创新思维，设置创意创新奖励项目，让更多的员工在工作中进行创新，最大限度地降低实际工作中的生产成本，优化原有的生产环节。

其次，管理会计人员深入分析成本费用结算系统、采购管理系统、物资管理系统等，了解采购的各个环节，并在此基础上，对历史数据、现有数据以及同阶段的数据进行针对性的分析。更重要的是，管理会计人员根据其中突出性数据变化，联系对应的部门，与部门负责人一起到实际的工作场景中探究存在问题的原因，制定应对的策略，降低相应的生产成本。

通过责任到人制度和深入挖掘数据，管理会计人员既可以激发各个岗位员工的工作积极性，使他们在工作中更加具有创造性，又能够通过发现相应生产数据存在的问题，立足工作实际，与生产部门负责人一起解决具体生产问题，节约企业的生产成本。

（三）重塑企业信息化业务流程，强化对企业组织成本的控制

业务流程对人、财、物均具有重要的影响。在重塑业务流程的过程中，管理会计人员需要充分发挥各种技术的作用，既要合理利用管理会计工具，又要发挥大数据技术的优势。在全面打通各种数据“孤岛”的同时，及时发现各个数据的问题，提出针对性的解决策略，达到强化企业组织成本控制的目的。

在实际的执行中，管理会计人员可以从以下几个方面入手。

首先，构建以管理会计工具为核心的信息处理系统。通过建设该系统，管理会计人员可以更全面地了解实际的生产过程，如产品预测、设备转运、仓储预订等，对采购、生产、销售进行全面了解，为后续问题的发现奠定一定的认知基础。

其次，构建具有层次性的数据库。管理会计人员在运用信息处理系统的过程中，需要结合实际的企业需要构建具有层次性的数据库，如采购数据库、生产数据库、销售数据库、售后数据库等，并与专业的技术人员沟通，构建具有分享性的数据库系统，实现业务流程数据的高效共享。

最后，搭建交流系统，实现业务流程的优化。在实际的优化业务流程的过程中，管理会计人员可以构建交流系统，实现各个业务部门的“大交流”，真正解决业务工作中遇到的问题。除此之外，管理会计人员还可以在取得企业管理者同意的前提下，试运行新的业务流程模式，定期进行视频沟通，让

专业的企业咨询公司参与进来，在众商众议的过程中，制定出切合实际的业务流程，减少不必要的沟通成本，最大限度地降低组织成本。

（四）借助大数据完善会计考核，实现有效的管理成本控制

成本控制的核心是提高效益。基于此，笔者在进行会计考核的过程中，立足财务指标和非财务指标，从降低成本和提高效益两个角度切入，并遵循设定层级目标的原则。

具体而言，会计考核可以有如下三个层级。层级一，企业整体会计考核目标。管理会计人员可以运用大数据技术从横向、纵向两个维度分析企业数据，制定相应的考核目标。在横向上，管理会计人员可以借助大数据等新技术，将本企业与众多行业企业的关键指标进行比较分析；在纵向上，管理会计人员可以通过网络云端中的数据，收集本企业在近三年的营业额、收入额、净利润等数据，并结合横向、纵向两个维度的数据制定相应的考核指标。层级二，各部门考核目标。管理会计人员同样可以运用上述方式，设定各个部门的考核指标，将整体性目标细分到每个部门中，结合各个部门的实际状况设定考核指标的上限和下限。层级三，个人考核目标。只有让员工将个人的发展与企业的发展紧密联系起来，才能实现共赢。为此，在个人考核目标的制定中，管理会计人员一方面要了解员工的实际业绩水平；另一方面需结合整个行业员工的目标平均值，设定相应的具体目标。总而言之，通过从企业、部门和个人三个角度设定考核目标，管理会计人员既可以让实际的目标落地，明确每一个部门和员工的具体目标，又能让每个个体在完成考核目标的基础上，促进整体目标的实现，最终达到提升企业经济效益的目的。

第三节　大数据提升管理会计价值创造能力

在本节，笔者分别从企业、个人的视角，从管理会计人员的综合素质以及相应管理平台的搭建入手，介绍如何借助大数据提升管理会计价值创造能力。

一、企业借助大数据技术提升管理会计价值创造能力

（一）培养管理会计人员的数据思维

管理会计人员是为管理者提供决策信息的，需要参与企业的经营管理。为此，管理会计人员需要了解多方面的数据。对内而言，需要了解产品的采购、生产和销售方面的数据；对外而言，需要了解企业所在行业的发展数据、竞争企业的数据等。因此，企业非常有必要培养管理会计人员的数据思维。

在具体的管理会计人员数据思维培养过程中，企业可以从如下角度切入。首先，增强管理会计人员的数据敏感度。企业定期进行管理会计人员培训，让本企业的管理会计人员逐渐提高对数据的敏感度，使他们能够挖掘数据背后的价值，尤其是能够从深度、高度和广度方面对与企业发展相关的数据进行立体化分析，在把握整体企业发展、行业发展的状况下，提出合理化建议。其次，培养管理会计人员，使其掌握多种管理会计方法，包括变动成本法、经营决策常用分析法（如差量分析法、边际贡献分析法、成本无差别分析法、概率分析法等）、投资决策分析法（如静态分析法、投资报酬率法、投资回收期法、动态分析法、内涵报酬率法、现值指数法、净现值法等）、作业成本法。最后，使管理会计人员掌握大数据分析方法，如数据质量和数据管理、预测性分析、数据挖掘算法、可视化分析、语义引擎等，使管理会计人员真正以数据为眼，以数据方法为手，实现对企业各个生产环节的掌控，为管理者提供精准的数据和具有预见性的策略。

（二）搭建管理会计人员工作平台

为了充分体现管理会计人员在岗位中的价值，企业需要在现有的基础上，搭建管理会计人员工作平台，扩大基础数据层的数据容量，通过更多、更全、更准的数据，灵活把握相应的生产、销售、采购规律，为企业决策提供更为有力的支撑。

1. 引入 ERP 管理系统，实现业财数据的有效收集和分析

（1）ERP 管理系统的定义及意义。

① ERP 管理系统的定义。ERP 管理系统是现代企业管理的运行模式，是一种高度集成的数据整合和分析系统，旨在促进企业资源运用效益的最大化。管理会计人员可以运用这种集成性的数据系统，实现对企业各种数据的有效收集和分析，作出更为科学的决策。

② ERP 管理系统的意义。ERP 管理系统的意义有三：第一，有利于实现对原始数据查询和汇总，原始数据包括销售数据、订单数据、项目数据、生产数据、库存数据、财务数据、人薪数据、客户数据。第二，促进库存管理目标的实现。管理会计人员通过运用管理系统，对客户订单、在库物料以及产品构成进行有针对性的管理，即以客户订单为依据，进行实际物料的计算，最终达到降低仓库物料存量、优化库存管理的目的。第三，管理会计人员使用 ERP 管理系统中数据的闭环管理模式，实现对企业供产销、人财物的全面掌控、时时反馈、动态协调，实现以销定产、以产求供，降低成本。

（2）ERP 管理系统收集的数据内容。

①管理销售数据。

第一，为企业制定销售策略提供依据。管理会计人员运用 ERP 管理系统实现对商机的分析，了解销售人员在各项销售业务与各个阶段的拜访记录、预计成交额、成功概率等数据，并通过此系统制作相应的分析报表，为企业制定销售策略提供依据。

第二，掌握全局性的企业销售状况，合理调整生产计划。管理会计人员可以根据销售人员在 ERP 管理系统中制订的销售计划以及计划的实际完成状况，制作相应的报表，实时了解销售人员的工作内容和进展；集中每个销售团队中的销售信息，制作各个团队的月销售报表、季度销售报表、半年销售报表，以这些销售报表为依据了解企业的营销状况；将这些信息提供给企业的决策者，为决策者作出决策提供数据支持，继而通过销售数据设定相应时间段的具体产值，合理调整生产计划，达到对生产原材料的合理利用，帮助企业决策者更全面地掌握本企业的生产和销售状况。

第三，运用竞争对手数据，辅助拟定合理的销售策略。管理会计人员既需要整理和分析竞争对手的销售数据、本行业的销售平均数据，从整个行业入手分析销售数据，又需要基于本企业的销售数据进行分析，辅助企业中的决策者制定相应的销售策略。

②管理订单数据。管理订单数据可以实现对销售和采购环节的有效、实时追踪，有利于制定科学的采购订单，最大限度地降低采购成本和销售成本。具体而言，管理会计人员可以采取如下策略，达到上述目的。

第一，发挥采购数据管理和销售数据管理功能。ERP 管理系统综合发挥销售数据管理功能和采购数据管理功能。在销售数据管理方面，管理会计人员可以使用该系统中提供的生产订单进度查询、历史价格查询以及实时报价功能，更直观地了解各项数据。在采购数据管理方面，管理会计人员可以运用全程验收管理功能、智能化采购功能，全程监督各种采购数据，提升采购的科学性。更关键的是，管理会计人员可以销售数据为支撑，对采购数据进行调整，如结合销售的淡旺季，适时地调整采购原材料的数量，并将这些数据及时汇报给决策者，发挥积极作用。

第二，实时掌握库存状况。管理会计人员可以从静态和动态两个角度掌握库存流量状况。在静态掌握库存方面，管理会计人员可以综合运用 ERP 管理系统的生产系统、库存系统、订单系统等，了解现有的库存数量。在动态掌握库存方面，管理会计人员可以运用 ERP 管理系统的物流监控功能，实现对产品的全程监控，如收料、退货、验收、验退等。此外，管理会计人员可以结合 ERP 管理系统中交货与实际交货的时间差、实际原料质量与合同中规定的原料质量的对比，对供应商进行全方位评估。总之，通过有针对性地进行库存管理，管理会计人员可以更全面地了解库存状况以及供应商的综合供货水平，制作相应的数据模型以及报表，为企业决策者提供可靠的库存管理数据。

③管理项目数据。在项目数据管理方面，管理会计人员可以使用 ERP 管理系统中的项目管理功能和综合业务管理功能，重点收集和分析关键性业绩指标，如实时的成本开销与计划、项目的完工率、服务水平协议、盈亏状况。在此基础上，深入探究经营活动和业务绩效之间存在的逻辑关系，制作可视化的报表，辅助企业决策者全面了解项目信息，从而制定出更科学和高

效的项目管理方案。

④管理生产数据。通过运用ERP管理系统，管理会计人员可以有效掌握生产数据，实时了解具体的生产数据，并结合实际的企业现场管理状况，开展具有针对性的绩效测评，让整个生产透明化，构建出具有规律性的生产模型，制作相应的生产报告，为企业决策者提供强有力的数据支持，制订出相对科学的生产计划，促进整体生产效率的提升。具体而言，管理会计人员可以深入分析如下生产数据。

第一，运用ERP管理系统的即时产品结构查询功能，透过结构窗按钮，了解产品的结构树以及该产品的子件批量成本和需求。

第二，运用ERP管理系统实现可视化生产流程管理，即实时查询当前生产信息，包括材料入库状况、材料领用信息，并借助单据的穿透式追溯功能，调动关联单据的相关数据。

第三，使用ERP管理系统的BOM管理功能，读出企业所制造的产品构成以及所有涉及的物料，运用图示对所需物料进行标记，并将这些图示转化成数据格式，读取对应的物料，更全面地了解物料的状态。在具体的数据格式读取中，管理会计人员可以根据母件数据的单阶、尾阶、多阶数据查询相应的子件信息，实现对物料种类、耗用情况的了解。此外，管理会计人员还可以对物料使用情况进行分析，制作物料种类报表或是数据模型，将这些内容提供给企业的决策者，为物料方面的决策提供数据支撑。

⑤管理库存数据。通过管理库存数据，管理会计人员可以最大限度地减少企业库存，并实现财务、生产、销售、采购等系统数据有效传输，实现对库存数据的统一管理。具体而言，管理会计人员可以通过如下途径了解库存数据。

第一，通过自定义物料预警规则，如最低预警、最高预警、盘点预警等，适时地了解企业库存数量，将这些数据与销售数据、采购数据等进行有效连接，为企业决策者提供相应的库存管理数据，制定合理的库存管理模式。

第二，通过生产管理模式，了解入库对账数据和领料数据等，为企业决策者进行生产成本分析提供对应的数据支撑。

第三，运用ERP管理系统，一方面可以对多种交易明细等进行分析；另一方面可以对各个部门、业务、产品、厂商和客户信息进行分析，并将这些信息制作成相应的报表，让企业决策者可以对库存信息有一个清晰的认知。

⑥管理财务数据。管理会计人员可以使用系统中的财务管理数据，编制对应的财务报表，随时掌握企业资金的流向和流量，及时反映企业财务状况，如存在的潜在问题，或是已有的经营成果，并将这些财务报表提供给企业决策者，辅助企业决策者制定科学的财务管理策略，实现对企业资金的有效利用。管理会计人员可以从如下角度整理、解读财务管理数据。

第一，运用ERP管理系统中的现金流量和流向的预算实时查询和预估功能，了解企业实际的资金运用状况，如应付款项的支付和应收款项的回收情况，并将这些资金运用状况以图表等可视化形式呈现，让企业决策者直观地掌握资金运用状况。

第二，ERP管理系统具有将原始凭证直接传输成财务记账凭证功能，可以促进财务业务一体化，实现批次冲销，在降低财务人员工作强度的同时，自动生成各种形式的财务报表，如应收/应付票据分析报表、银行资金预估报表、收入费用比较分析及银行对账数据报表、现金流量分析报表等，为企业决策者的精准决策提供强有力的财务数据支撑。

⑦管理人薪数据。管理会计人员可以使用ERP管理系统深入了解各种薪资数据的计算方式，将对应的薪资数据制作薪资报表，更全面地记录各个部门以及相应员工的实际收入水平，辅助企业决策者掌握企业的用工成本。

⑧管理客户数据。客户是企业的根基。管理会计人员需要了解企业的客户，如潜在客户、忠诚客户等，立体化分析这些客户，了解他们购买力、购买意愿、对产品的期待等，发挥数据桥梁的作用。将客户的这些数据与销售部、产品设计部共享，根据客户数据制作财务报表，一方面促进销售部制定精准的销售方案；另一方面辅助设计部设计满足客户需求的产品，提高客户管理数据的利用效益。

（3）ERP管理系统的特殊之处。

ERP管理系统的特殊之处是业务地图系统。管理会计人员可以运用业务地图，及时、准确地进行报表的编制，更直观地展现企业的财务状况、现金流状况以及经营状况等，为企业决策者提供财务数据方面的参考。具体而言，管理会计人员可以从如下角度切入：第一，管理会计人员可以充分运用 ERP 管理系统自定义强大的特性，制定自定义化的解决方案，如母公司抵销分录制作、子公司数据采集、生成合并报表等，向决策者提供必要的数据支撑。第二，管理会计人员有效利用 ERP 管理系统与财务系统高度结合的特性，提高数据报表制作的准确性和效率。

2. 建立财务共享数据平台

构建财务共享数据平台，管理会计人员可以实现对两种数据的高效收集，并在此基础上，充分结合相应生产活动的现有数据，建立数据模型，高效、准确地进行预算，提高管理会计人员的岗位价值。在实际的财务共享数据平台构建中，企业可以构建大数据驱动下的管理会计人员信息应用框架，注重从起始端的基础信息层、数据输入层到中端的数据聚集层，再到顶端的分析处理层和应用报告层五大部分入手，搭建一个完整的财务数据分享平台。

第一，基础信息层。基础信息层主要是收集各种与产品相关的数据，如行业数据、客户数据、竞争对手数据、资金往来数据、业务订单数据等一系列非财务数据和财务数据。

第二，数据输入层。数据输入层的作用是将原始数据录入存储平台，可以输入多种结构数据，如结构化数据、非结构化数据等。此外，数据输入层还具有共享功能，即管理会计人员可以在个人的实际权限内收集相应的数据信息。为了保障数据录入和分享的高效性，企业需要引入 IT 运维团队，及时对各个部门之间的数据端口进行阶段性维护。

第三，数据聚集层。数据聚集层的作用是对数据输入层复杂的财务数据和业务数据进行分类汇总，并存储在相应的模块中，为后续分析以及模型的构建奠定数据基础。与此同时，数据聚集层设置的模块具有一定的逻辑性，有利于管理会计人员结合个人的需要更快地找到相应的数据，提升整体的工作便捷性。

第四，分析处理层。管理会计人员可以运用分析处理层进行数据的分析，综合运用数据库中的数据，灵活选用系统分析工具以及数据分析方法，建立相应的数据模型，提炼出对企业管理者决策有价值的信息。

以分析企业销售额为例，管理会计人员可以运用大数据技术收集与企业销售额相关的历史数据、当前数据、竞争企业数据、行业平均数据等，并挖掘出这些数据中的隐藏信息，如本企业销售额在该行业中的位置、本企业五年以内销售额的均值。管理会计人员可以将这些数据运用在企业的销售额预算上。在实际的分析过程中，管理会计人员可以灵活运用分析工具和分析方法，如决策树分析法、聚类分析法、时间序列分析法等，更精准地把握目标数据的规律，作出前瞻性、科学性的决策。

第五，应用报告层。应用报告是对数据模型的文字化总结，旨在从多维度生成业财融合型的管理会计报告机制。管理会计人员在应用报告的制作中需要结合企业总经理或是股东的要求。应用报告层的报告主要包括业绩考核报告、经营规划报告、经营决策报告（如企业的贷款业务、营销业务等）、经营预算报告（如企业的成本、收入等）、经营战略报告（如客户及业务分析、竞争对手分析、企业经营状况分析等）。

（三）构建灵活高效的预算管理系统平台

1. 预算管理系统平台概述

企业通过引入预算管理系统，一方面可以优化原有的预算管理体制，即通过引入全面预算、责任控制、责任中心等方法、机制、理念，实现业绩考核、计划实施、管理控制等平台的构建，达到促进企业预算管理水平全面提升的目的；另一方面可以有效运用该预算管理系统，对本企业内部的预算进行有效控制和管理，即通过结合企业实际需求和实际状况，制定预算管理系统解决方案。

2. 预算管理系统平台的作用

（1）有利于构建全面的预算体系。企业可以引入预算管理系统，设定预算深度、内容，实现对预算数据的合理应用与整合，辅助管理会计人员对多种数据进行整合和分析，构建全面的预算管理体系。下面从三个方面介绍预算管理系统的积极作用。

①预算主体的时空角度。从时间角度来说，预算管理系统的全面预算包括短期预测、中期年度计划、长期战略规划。从空间角度来说，预算管理系统的预算包括从产供销到人财物六个方面的预算，具体包括采购预算、生产预算、销售预算、人力预算、资金预算、费用预算、成本预算、财务预算、设备预算等。

②预算主体的内容角度。预算主体的内容主要有三个，即预算对象、预算项目、预算周期。以销售预算为例，销售预算的对象为产品、业务员、销售渠道、销售地区、销售部门；销售预算的项目包括回款金额、销售毛利、销售利润、成本单价、销售成本、销售收入、销售单价、销售数量等；销售预算的周期是指日、周、旬、月、季、年。

③预算主体的应用层面。全面预算主体可以应用在企业层面，既可以将预算内容作为考核的依据，又有利于促进企业预算编制、汇总和分析。

（2）有利于实现多种预算编制方法和数据生成方式。预算管理系统可以实现互逆性的预算过程，一是自下而上的预算汇总过程，二是自上而下的预算分解过程，有利于实现多版本和多周期的预算形式。下面从两个方面进行介绍。

①多种预算编制方法。多种预算编制方法主要包括基数加因数预算方法、增量预算方法、零基预算方法、滚动预算方法等。

②多种数据生成方式。多种数据生成方式包括公式自定义、内置业务规则（如 MRPII 算法、首付款协议）、参照历史数据等。

除了上述内容外，预算管理系统还支持多种预算编制过程，如专项起点型预算编制过程、生产起点型预算编制过程以及销售起点型预算编制过程，并提供对应的行业对照预算体系。

（3）发挥预算执行分析和预算控制功能。

①发挥预算执行功能。预算执行功能使系统能对业务预算和财务预算的执行状况进行动态化控制，如动态查询业务预算以及实时控制费用预算和资金等。

②发挥预算控制功能。预算控制功能使系统能实现多种形式的预算控制，包括三个方面：一是事前预警、事中控制，二是单项控制和总额控制，三是特批型控制、提示型控制以及严格型控制。

在预算功能的发挥上，预算管理系统能够有效实现自动提取实际发生数，实现多种分析功能，如图形化分析、多方式预算分析、多版本预算分析、多期间预算分析等。

3. 预算管理系统平台支撑

预算管理系统平台支撑主要是建立不同系统的接口。下面主要介绍四种接口。

第一种，与总账系统的接口。管理会计人员在编制预算过程中需要参考总账数据进行预算分析，并对实际业务进行事后预算控制。

第二种，与项目管理系统的接口。与项目管理系统概算数据建立接口，管理会计人员可以将项目导入预算管理系统的全面预算中，实现项目预算管理与全面预算管理的一体化。

第三种，与生产管理系统的接口。管理会计人员通过与生产管理系统的接口，了解主营业务收入预算、材料采购预算、材料明细预算、产品明细预算、生产预算等。

第四种，与其他系统的接口。管理会计人员可以通过与其他系统的接口，提取其他系统中的数据，生成预算报表，有针对性地进行预算。

4. 预算管理系统平台功能的实现路径

（1）系统设置。企业可以邀请技术人员将各种预算功能纳入软件中，从而在对整个企业的预算管理过程中，实现多样性的总括性预算，如是否滚动预算、年期跨度，并定义预算管理的工作期间、用户及其权限、责任中心体系。

（2）预算编制。在预算编制中，管理会计人员可以通过数量体系的方式体现预算目标，真正将这些目标落实到每一个下属企业、负责人，促进预算编制、执行的责、权、利统一。预算编制主要包括四个环节：目标制订、目标下达、预算编制、预算审批。预算审批是上级对下级所交的预算数据进行全面的审核，其中审核的主要内容包括：以既定的业务规则编制为依据判定预算数据的完整度；汇总下级部门的预算，并与总预算目标进行对比，针对其中的差距，向下一级下达相应的预算目标。该环节的功能包括：预算批复下达、预算批复、审批处理及审批数据保存、查询预算审批状态、预算多级审批等。

（3）监控与执行。监控与执行主要分为总部和基层两个层面。总部层面主要是企业的管理层、股东等对资金的管理，通过与资金管理系统进行连接的方式，实现资金数据的连接和贯通。基层层面主要是对基层业务活动进行实时监控，注重与各个业务系统接口之间进行连接，并将相应的接口导入预算管理系统中。预算执行功能主要包括两方面内容：第一，数据的校验与保存；第二，从不同维度进行数据的查询，并提供其他系统集成接口。

（4）预算查询。管理会计人员通过预算查询的方式，从不同的角度对预算数据进行查询，如核算项目金额、预算余额、预算总额，并完成相应的预算报表。管理会计人员可以根据实际的要求，对预算管理系统进行自定义，实现多样化的预算查询，制定切合实际的预算报表。

（四）构建管理会计闭环式培养管理体系

1. 管理会计人员的招聘

在招聘管理会计人员的过程中，企业需要深入了解所招聘管理会计人员的水平，既要进行理论知识测试，又要进行实践技能测试，还应进行道德测评，真正引进德才兼备的高级管理会计人才。

2. 管理会计人员的培养

在管理会计人员的培养过程中，企业可以借助大数据，采取线上与线下相结合的方式开展培训，锻炼管理会计人员综合分析各种数据、制作相应报表的能力，为企业决策者提供必要的数据支撑，真正成为“企业之眼”。在线上，企业可以构建虚拟性的基地，让管理会计人员通过虚拟练习的方式掌握更多的财务管理工具使用方法，培养管理会计人员运用大数据技术整合、分析数据，多样化展示相应数据的能力。在线下，企业可以邀请管理会计专家，让其设计相应的实践案例，并将企业中管理会计人员的实战表现记录下来，分析每个人存在的具体问题，提出针对性的建议和策略，让管理会计人员不断成长，提升整个企业管理会计人员的综合能力。此外，企业还可以采取其他管理会计人员培养模式，如引入外援，让管理会计方面的专业人士，结合本企业的发展状况，制定最符合本企业实际需求的管理会计人才培养方案。总之，企业通过聘请专业人士，让他们参与管理会计人员培养及管理工作，可以最大限度地提升管理会计人员的综合素质，促进管理会计人员专业水平的提升，使其高效运用大数据技术开展工作，成为推动企业发展的核心力量。

3. 管理会计人员的评价

企业需要考核被培训的管理会计人员，注重制定全面的考核规范，如将战略决策、预算管理、成本管理等纳入相应的考核过程中，通过实际考核，让本企业的管理会计人员最大限度地暴露问题，有针对性进行集中培训，发挥评价的引导作用，从而提升管理会计人员的专业化水平。

总之，通过从管理会计人员的招聘、培养以及评价三个角度入手，确保企业人才培养实现闭环管理，最大限度地让本企业中的管理会计人员拓宽视野、丰富知识，促进他们专业水平的提高，推动管理会计人员队伍建设，让企业不断进行内部优化，在市场中获得有利地位。

二、个人借助大数据技术提升价值创造能力

（一）从行业、企业发展趋势入手，促进个人专业能力的提升

管理会计人员需要培养整体意识，着重从行业和企业两个角度入手，提高个人的专业能力。在行业方面，管理会计人员一方面要了解国家在财会、税收等方面的政策，把握财税政策的新变化、新标准；另一方面要了解会计领域发展的新动态，紧紧把握时代背景下管理会计人员的未来发展方向，在结合上述两点的基础上，有针对性地开展专业知识学习，不断适应行业的新

变化。在企业方面，管理会计人员需要从管理层的角度分析数据，提供专业的报表，结合企业发展实际，不断对个人的理念与能力进行优化与提升，将所学知识运用在各项实际工作中，提高个人的专业技能水平。

（二）提高个人数据应用能力

管理会计人员需要培养大数据思维，并借助大数据技术，从多个维度对各种数据进行分析，如分析企业、供应商、顾客、竞争对手等的数据，深入分析各个数据之间的联系，把握内在规律，构建可视化的数据模型，为企业提供精确的数据，为企业创造价值。基于此，管理会计人员在日常的工作中需要通过多种途径锻炼、提升数据应用能力，如参与大数据思维的讲座、进行专门的数据应用能力培训等。

（三）提高个人的综合素质

管理会计人员的综合素质主要由四部分构成，如图 2-3 所示。

首先，过硬的专业素质。管理会计人员属于企业会计的分支，需要具备扎实的技能，如预测经济前景的能力、参与经济决策的能力、控制经济过程的能力、考核评价经营业绩的能力。

其次，全面的知识。管理会计人员除了需要具备过硬的专业素质外，更应具有全面的知识，如掌握相关的销售知识、采购知识、生产知识，真正打通产品生产过程中的“信息孤岛”，全面地认知企业运营的各个过程，进一步全面地统计各种财务数据、业务数据，建立相应的数据模型，为企业的发展建言献策，让企业以低耗高效的方式获得强大的市场竞争力。

再次，掌握规则、规律。管理会计人员需要提高个人的规则意识和运用规律的能力。在规则意识方面，管理会计人员有必要学习法律知识，尤其是与市场相关的法律，如《中华人民共和国产品质量法》《中华人民共和国反不正当竞争法》《中华人民共和国专利法》《中华人民共和国商标法》《中华人民共和国广告法》《中华人民共和国消费者权益保护法》等。在规律方面，管理会计人员需要掌握企业发展规律、企业生命周期理论、市场发展规律等。管理会计人员掌握规则和规律，有利于提高数据解读能力，促进个人专

图 2-3　管理会计人员的综合素质

业技能的提升。

最后，较高的沟通和谈判能力。管理会计人员承担着数据汇总和管理的职责，需要具备较强的谈判能力和沟通能力，以实现对各个部门数据的有效收集和对信息的有效整合，以及对相应信息的有效传达。为此，管理会计人员一方面需要加强表达能力的训练，另一方面需要不断通过实际的沟通，强化个人的逻辑思维能力，提高个人的表达能力。

第三章　大数据驱动下管理会计的发展趋势

第一节　大数据驱动管理会计职能的转变

一、大数据对管理会计职能产生的影响

（一）驱动管理会计控制职能的转变

大数据驱动管理会计控制职能的转变主要体现在有效控制各项成本方面。就现阶段而言，传统的预算或是计划已经不能满足有效控制各项成本的要求。将大数据技术引入管理会计的工作中，能帮助管理会计实现对信息的有效掌握，如了解采购信息、销售信息、竞争对手信息等。在完成上述操作后，管理会计可以运用云计算技术的计算功能、筛选功能处理内部和外部数据，建立企业生产数据模型，寻找最佳的数据节点，制作相应的报告，降低各个环节的成本。

（二）驱动管理会计决策职能的转变

大数据驱动管理会计决策职能的转变主要体现在增强决策的科学性方面。在制定各种决策的过程中，管理会计可以运用大数据技术收集企业内部

数据和外部数据。在收集企业内部数据时，管理会计可以从产品生产的整个数据链切入，了解产品在原料采购、加工生产、实际销售以及售后服务等多方面的数据，做到“知己”。在收集外部数据时，管理会计可以借助国家统计局、国家数据、搜数网、CEIC、彭博等网站，收集与本行业相关的数据、国家整体经济发展数据等，了解整个经济大环境、本行业的小环境，做到“知彼”。在知己知彼的前提下，管理会计从宏观和微观两个角度对本企业、本行业以及经济整体发展情况形成科学认知，并通过相应的数据报表呈现出来。同时，通过运用大数据技术还可以使管理会计报表的准确性得到增强。管理会计在制作报表的过程中有效运用大数据，实现对企业各项数据的有效收集、汇总、整理，更科学和全面地运用各种数据，让报表内容更加丰富和准确。

（三）驱动管理会计计划职能的转变

大数据驱动管理会计计划职能的转变主要体现在预算管理方面，以滚动预算实现预算控制。

1. 滚动预算的定义

滚动预算是一种根据上一期的预算指标的完成情况，加以调整，具体编制下一期预算，并将预算期连续滚动向前推移的预算编制方法。以周期为依据，滚动预算分为日滚动预算、周滚动预算、季度滚动预算以及年度滚动预算。在实际工作中，管理会计需要结合企业现状以及行业发展情况，选择滚动预算类型，以滚动预算作为数据支撑，科学编制预算，提高企业应对外界变化的能力。

2. 滚动预算的优势

滚动预算的优势有三个：一是滚动预算具有响应灵活、编制时间短的特性，可以对企业的运营状况及时进行反馈，指导企业运营。它可以提升预算结果的精确度，合理控制预算的过程，实现精准预测。二是滚动预算的数据具有较强的客观性，它预算的准确度可以在短时间内得到有效验证。三是滚动预算具有较强的实用性，有利于企业管理层掌握市场数据以及运营数据，可以为其决策的作出提供支撑。

3. 滚动预算的应用

（1）建立滚动预算管理体系，提高管理会计沟通能力。为了构建滚动预算管理体系，管理会计需要提高个人的沟通能力，尤其是与各个部门工作人员的沟通能力。具体而言，管理会计可以从线上和线下两个角度入手。在线上，管理会计运用大数据构建沟通模块。以生产性企业为例，管理会计可以构建采购模块、销售模块、售后服务模块，让各个部门每天在各个模块上上传对应的数据。在此之后，管理会计一方面整合这些数据；另一方面针对存在疑问的数据，与对应的部门进行线上沟通，实现数据的精准、实时上传。在线下，管理会计需要深入各个部门，了解各个部门的实际生产状况，核对实际生产数据与上传数据是否一致。通过线上与线下相结合的方式，管理会计可以确保上传数据的准确性，并结合滚动预算管理体系对未来财务数据和业务数据进行精准预测，为企业的决策提供强有力的数据支持。总之，通过沟通的方式，管理会计将数据上传到滚动预算管理体系中，在提高个人沟通能力的同时，对未来的业财数据进行准确预测，为企业的发展提供数据支撑。

（2）明确滚动预算流程，实现工作有序衔接。管理会计通过明确滚动预算流程，实现对各个环节资金的有效把控，实现预算活动的有效开展。在实际的流程设计中，管理会计可以借鉴如下流程：第一，收集业务动态信息，其具体信息包括销售预算、生产预算、投资预算等。第二，编制年度预算。第三，编制本月滚动预算。第四，分析滚动预算执行情况。第五，在关键节点，分析收入成本费用指标。第六，提出预算执行、考核建议。第七，企业决策层商定。第八，针对偏离目标的项目开展整改工作。第九，统计预算指标完成情况。

（3）开展动态化预算管理，为管理会计工作赋能。实行滚动预算并不是为了制作预算报表，而是为了加强日常的管理。管理会计通过滚动预算的形式可以发现日常预算中存在的问题，并结合这些问题，与对应的部门联系，最终解决问题，为管理会计工作赋能。为了达到这个目的，在实际的预算管理工作开展中，管理会计需要落实一些工作，如定期总结分析预算结果、制定相应的解决策略；及时反馈，获取成本费用的动态信息；修正当期与下期滚动预算中的成本费用预算，在保证预算即时性、准确性的同时，将这些预算状况及时上报给企业管理者，并参与相关问题的讨论，促进日常动态管理工作的有效开展。

（4）科学组织各类信息，发挥滚动预算管理的作用。滚动预算管理的重要目的是及时预测企业效益，增强工作的前瞻性、有效性。为此，在滚动预算管理过程中，管理会计在结合本企业实际的前提下，对现有的各类数据（如物流数据、生产数据、采购数据、成本数据等）进行有效整合。通过对上述数据的有效整合，管理会计不仅能充分发挥滚动预算管理在资金调配中的作用，还能最大限度地发挥滚动预算管理在创造经济效益方面的积极作用，即在发现、解决资金预算管理问题的过程中，实现管理效益以及资金效益的最大化。

（5）为构建良好的滚动预算管理内外部环境，须提升管理会计的协调能力。为了提高滚动预算管理的精准性，管理会计需要创造良好的内外部环境，提高个人的协调能力，及时整理各项财务数据，保障预算管理工作的平稳进行。具体而言，管理会计可以从内部环境和外部环境两方面入手。在内部环境方面，管理会计需要处理好与各个部门的关系，如销售部门、采购部门、生产部门、售后部门等，及时收集数据，并结合其中的异常数据进行针对性的实际调查，发现实际生产、采购、销售和售后服务中的问题，并与出现问题的负责人进行沟通，拟订相应的解决方案；在第一时间向企业决策者反映出现的问题并提供应对的方案，创造良好的内部环境，促进企业内部问题的解决。在外部环境方面，管理会计可以与银行、税务部门、当地工商行政管理局等，针对具体问题进行深入沟通，比如所得税时间差异性的调整、固定资产折旧年限的选择等，更全面地整合上述数据，以这些数据为基础建立相应的模型，解决各项滚动预算管理中的问题。管理会计在创造良好内外部环境的过程中，要提升个人的协调能力，加强对内外部数据的收集、整理工作。

（6）做好滚动预算管理考核工作，规范企业员工行为。滚动预算管理工作是开展闭环式管理的重要一环，是激发各个主体参与管理工作积极性的关键性因素。为此，在开展滚动预算管理考核工作时，管理会计需要搜索其中的关键性数据，开展针对性考核。在实际的考核过程中，管理会计可以以固定时间为期限，如每周、每月、每季度等，开展滚动预算考核。一方面总结其中的优势；另一方面分析其中的不足，提出针对性的解决方案。更关键的是，在实际的考核过程中，管理会计需要依照相应的考核标准，有针对性地采取赏罚措施，以达到规范员工行为的目的。

（四）驱动管理会计预测职能的转变

将大数据技术引入管理会计的各项工作，管理会计可以对各项数据进行有效整合，建立相应的数据模型，结合以往的数据以及企业生产规律，开展针对性的数据预测，并将预测的结果以报告或是数据模型的方式反馈给企业管理层，促进各项政策的有效制定和落实，最终达到增强管理者预测能力的目的。在实际的执行过程中，管理会计可以从如下四个方面切入（见图3-1）。

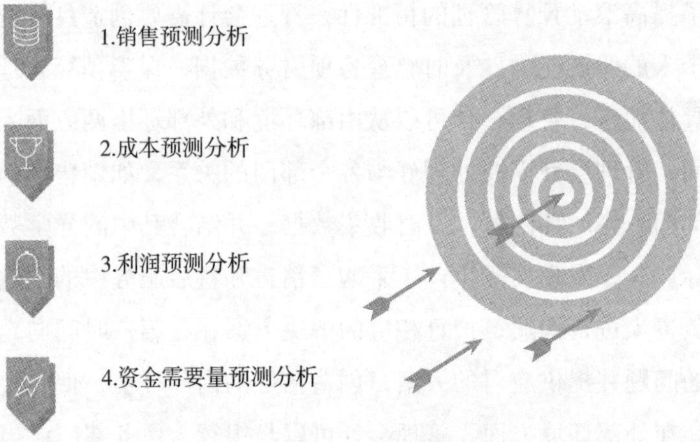

图3-1　驱动企业管理会计预测职能转变的切入点

1. 销售预测分析

（1）内容。管理会计利用大数据技术，主要搜索如下销售预测数据：第一部分，企业经营数据，包括资产负债表、现金流量表、利润表。第二部分，营销业绩数据，包括成本结构数据、现金流量数据、应收账款周转率、存货周转率、毛利率、销售利润率等。第三部分，财务部门数据，包括区域市场的销售数据、产品的边际成本效应数据、定价与需求管理数据、产品贡献率与增长率数据、客户增长率与贡献率数据。第四部分，销售数据，主要包括市场份额数据、渠道表现数据、客户表现数据、区域表现数据、产品表现数据等。第五部分，市场决策数据，主要包括产品定价数据、年度产品投入策略数据、有效销售人员考核指标数据、年度营销预算数据、渠道投入策略数据、客户投入策略数据等。

（2）方法。在分析销售量时，管理会计通常可以采用两大方法：一是趋势外推分析法，包括算数分析法、移动平均法；二是因果预测分析法。

2. 成本预测分析

（1）内容。管理会计可以运用大数据技术，进行如下成本预测数据的收集：第一部分，组织内部成本，主要包括结构构建成本、内部组织管理机制运行成本。第二部分，外部交易成本，主要是指履约成本、谈判成本、搜寻成本。第三部分，机会成本。第四部分，委托代理成本，主要包括剩余损失、承诺成本、监督激励成本。

（2）方法。成本预测分析方法分为两大类：第一类，定量分析法。定量分析法是管理会计通过分析成本与影响因素、历史资料之间的数量关系，以建立数据模型预测未来成本的方法的总称。定量分析法主要包括趋势预测法和因果预测法。趋势预测法是指管理会计以收集的按照发生时间顺序排序的历史成本资料为依据，以数据方法和模型为手段的各类预测方法的统称。趋势预测法又可以细分成指数平滑法、平均法以及简单平均法三种。此外，趋势预测法还包括因果预测法。因果预测法是指以具有因果联系的成本数据为依据，以数学建模为手段的各类方法的总称。因果预测法主要包括回归分析法、投入产出分析法、本量利分析法。第二类，定性预测法。定性预测法是指预测者综合运用各种会计专业知识，充分结合实际经验，运用分析判断能力，开展预测推断的各种方法的总称。常见的定性预测法为成本预测的高低点法。首先，收集资料。管理会计需要收集相应时间期限内的企业成本历史资料。其次，代入公式。管理会计需要结合 $Y=a+bX$ 直线方程，将选用的最高业务量和最低业务量的成本之差与两种业务量之差进行对比，并依次求出 a、b 的值。最后，预测趋势。管理会计可以根据对应的值预测成本发展趋势。

3. 利润预测分析

（1）内容。本部分中的利润分析主要是指目标利润分析。目标利润分析需要经过三个步骤。首先，分析投资项目的具体条件。其次，综合分析项目开发收入与成本因素。最后，经过反复计算以及市场调查确定目标利润。本企业历史先进利润水平、同行业先进利润水平、最优利润以及计划利润等，都可以作为目标利润。

（2）方法。

①确定利润率标准。利润率标准主要由本企业利润率标准和整体利润率标准两部分构成。本企业利润率标准主要是指本企业历史最高水平利润率和平均利润率。整体利润率标准主要是同行业利润率、全国利润率、指令性利润率。在具体的利润率目标选择上，管理会计可以选择销售利润率、产值利润率和资金利润率。

②计算目标利润基数。

目标利润率基数 = 相关预计指标 × 有关预定利润率标准

相关预计指标包括资金平均占用额、总产值、产品销售额。有关预定利润率标准包括资金利润率、产值利润率、销售利润率等。以下是几种常见的目标利润基数计算公式。

目标利润基数 = 预定的资金利润率 × 预计资金平均占用额

目标利润基数 = 预定的产值利润率 × 预计总产值

目标利润基数 = 预定的销售利润率 × 预计产品销售额

③确定目标利润修正值。确定目标利润修正值，需要如下三个步骤：首先，管理会计以本量利分析原理。从测定的目标利润基数、单价、成本以及销售量，测算出其中的某一因素。其次，计算期望值。管理会计计算为实现目标利润基数应采取的各项措施。最后，确定目标利润修正值。管理会计可以计算期望值与实际利润值之间的差值，并依据差值的大小，确定最后的目标利润修正值。

④确定最终目标利润，分解落实，纳入预算体系。最终目标利润是目标利润基数与目标利润修正值之和。

4. 资金需要量预测分析

资金需要量预测分析是指管理会计以满足生产经营需求为目标，对未来所需资金进行推算的方法。它是企业制订融资计划的基础，需要引起管理会计人员的足够重视。

（1）方法。

①定性预测法。定性预测法是以调查所掌握的数据和情况为基础，以管理会计人员的知识、经验为手段，判断资金需求量的方法。这种方法主要是预估某一事件的发生概率、优劣程度以及发展趋势。定性预测法的决定性因素是预测者的知识和经验。在实际的资金需要量预测过程中，管理会计一方面需要通过大数据技术，汇总企业各个部门管理层的意见，综合说明财务问题；另一方面要巧妙地运用大数据技术，将财务资料进行量化。在具体的定性预测法应用过程中，管理会计可以结合实际状况，选择如下三种方法。

a. 相互影响预测方法。为了避免传统方法中只是探究某一事件的发展状况的弊端，管理会计可以采用大数据技术，分析有关事件之间的影响，着重从影响各个事件相互作用的因素入手，并以这些因素为基点，探究各个事件在未来出现各种可能情况的概率。

b. 市场调查法。市场由主体和客体两部分构成。主体是从事市场交易活动的个人和组织。客体是各种商品和服务，即商品的种类、数量以及质量，商品的交货期，金融工具。市场的种类多样，包括商品市场、房地产市场、信息市场、技术市场、劳动力市场、资本市场。

市场调查法主要应用的原理是统计抽样原理，包括多种技术，如非随机抽样技术、随机抽样技术、分群抽样技术、分层抽样技术等，包含多种方法，如实验法、观测法、询问法。管理会计在应用市场调查法的过程中，可以充分运用大数据技术，综合运用上述技术和方法，增强定性预测的及时性和准确性。

c. 德尔菲法。这种方法是以财务管理专家调查的数据为依据，以财务活动、财务关系以及相关资料为分析内容，从财务方面开展的预判经济发展方向的方法。这种方法的应用主要分为两步。首先，提出初步意见。管理会计可以让熟悉本企业财务以及经营状况的专家对本企业未来的发展进行初步预判，提出初步意见。其次，得出预测结果。管理会计邀请专家参与会议商讨，通过大数据技术整理同类企业的财务数据以及经营数据，将本企业的上述数据与同类企业进行对比，修正初步意见，得出最终的预测结果。

②定量预测法。定量预测法是以资金需求量以及与之相关的因素、大量历史资料为依据，以一定的数学方法为手段，以最终的资金预算结果为指导的方法。定量预测方法有很多，包括销售百分比法和资金习性预测法。

a. 销售百分比法。在销售百分比法应用过程中，管理会计可以按如下三步进行。第一步，分析年度资产负债表的有关项目与销售额之间的关系。第二步，以销售预测资料和市场调查资料为依据，确定负债、资产和所有者权益的有关项目在销售额中所占的百分比。第三步，以计划期销售额和假定不变的百分比关系为依据，预测计划期资金的需要量。

b. 资金习性预测法。资金习性是指资金变动与产销量变动的依存关系。资金习性中的资金主要分为半变动资金、变动资金以及不变资金。

资金习性预测法分为两种方法：第一种方法，以资金占总额以及产销量之间的关系为依据，预测资金的需要量。这种方式首先以历史上的企业资金占总额与产销量之间的关系为依据，将资金划分成变动资金和不变动资金两部分，结合实际的预计销售量，实现资金需求量预测。第二种方法，采用先分项、后汇总的方式预测资金需求量。这种方式是以各资金占用项目（其中的项目内容包括固定资产、应收账款、存货、现金等）与产销量之间的关系为依据，将各项目资金划分成不变动资金和变动资金两部分，将这两种资金汇总在一起，求出企业的变动资金总额和不变动资金总额，得到总的预测资金需求量。

（2）应用。

①采用预计利润表进行内部筹资量预测。

a. 取得基年利润表资料，并计算利润表各项目与销售额的百分比。其计算公式如下：

某项目销售百分比 = 基期销售额 ×100%

b. 用预测年度的预计销售额乘第一步计算出的利润表各项目销售百分比，计算预计利润表各项目的预计数。其计算公式如下：

某项目预计数 = 预计销售额 × 某项目销售百分比

c. 根据预测年度净利润预计数与企业预定的留用比率，计算预计留存利润额。其计算公式如下：

预计留存利润额 = 预计净利润 ×（1− 股利支付率）

上述预计留存利润额并不是真正的内部筹资量，还要加上非付现成本。

②应用预计资产负债表开展外部筹资额预测。运用预计资产负债表预测外部筹资额的基本步骤：分析基期资产负债表各个项目与销售收入总额之间的依存关系，划分敏感项目和非敏感项目。敏感项目是指该项目金额因销售额的增长而相应增加，如现金、应收账款、存货、应付账款、应付费用和其他应付款等；非敏感项目是指该项目金额一般不随销售的增长而相应地增加，如对外投资、固定资产净值、短期借款、长期负债和实收资本等。

③采用因素分析法进行资金需要量的预测。因素分析法是根据企业基期实际资金占用数额和预测期有关因素的增减变化情况，测算企业预测期的资金需要量的方法。这种方法的运用一是需要确定基期资金中的合理占用数额和不合理占用数额，二是需要确定预测期有关因素变动对资金需要量的影响。一般影响资金需要量的因素有业务量、资产价格的升降和资金周转速度的快慢。采用因素分析法预测资金需要量的公式如下。

预测期的资金需要量 =（基期资金实际占用额 − 其中不合理的占用额）×（1± 预测期业务量变化率）×（1± 预测期资产价格变化率）×（1± 预测期资金周转速度变化率）

总之，在提高管理会计预测能力的过程中，管理会计可以借助大数据技术对数据进行多角度的分析，并在此基础上，让专业技术人员将对应的公式和模型纳入相应的企业管理系统中，实现数据的高效收集、整合和运用，最大限度地避免人工计算中出现的各种主观性错误，提高管理会计自身预测的科学性。

二、大数据驱动下管理会计职能的履行路径转变

（一）优化数据的利用方式

1. 收集数据

管理会计通过运用大数据技术精准搜索各种生产数据、销售数据、采购数据等，满足不同时期、不同阶段、不同主体的数据需求。具体而言，管理会计可以从三个方面开展数据收集工作。

（1）收集企业内部历史数据、当前数据，主要是内部财务数据和业务数据两种。下面以寿险公司为例介绍这两种数据。收集的财务数据包括四个方面的内容：第一，实物资产管理系统的资产数据。第二，网上报销的费用数据。第三，渠道管理系统的佣金支出和手续费。第四，保险业务收入、退保以及赔付等业务支出数据。收集的业务数据主要包括三个方面的内容：第一，公司渠道管理、人员管理、机构铺设等数据。第二，暂时没有系统支持的准备金计提等核算数据。第三，财务人员手工处理数据。总之，在进行内部数据的统计过程中，管理会计应从业务数据和财务数据两方面入手，构建分析数据体系的基础，更准确地收集所要数据，促进管理会计日常工作的顺利开展。

（2）以行业数据为基础建立收集系统。管理会计为了让本企业在同行业中获得全面的发展，在与企业的竞争中获得优势地位，可以构建以本行业数据为基础的收集系统。下面以保险行业为例，介绍行业数据收集系统主要收集的数据：一是公开发布的行业数据，包括各地市行业协会报告报表、中国银行保险监督管理委员会定期公布的统计数据。二是行业数据库中的数据，包括各咨询公司通过调研等收集的数据、各家公司自己公布的行业调研数据等。三是相关公司实时动态经营数据。

（3）其他数据收集系统。其他数据收集系统主要利用互联网等媒介收集宏观动态信息和数据。管理会计应该意识到企业的发展受到经济大环境的影响，在关注企业自身经营状况的同时，需要从宏观的角度分析经济大环境，

尤其是分析经济大环境给本企业带来的影响，并结合经济大环境，及时制作相应的报表，为调整本企业的经营战略建言献策。

2. 处理数据

在处理数据的过程中，管理会计使用大数据技术，以运算逻辑为依据，对所收集的数据进行针对性处理，如选择、比较、分类、计算、排序的过程，实现对数据的有效处理，提前作好相应事件的预测和选择。以预防风险为例，管理会计可以了解各个大型供货商在每个季度的财务报表，得出供货商的资金流状况，合理选择资金流健康的供货商，保证供货的及时性。具体而言，从以下三个方面入手。

（1）搭建数据管理框架。通过搭建数据管理框架，管理会计可以让企业适应大数据发展潮流，并搭建信息化平台，实现未来数据需求分析模型基础数据的固定化。以寿险公司为例，管理会计可以结合企业发展的实际，如以客服、理赔、销售等各个环节的联系为依据，分析其在系统、成本、运营、人力、渠道以及产品方面存在的内部逻辑。以此为基础，形成一整套的标准化处理流程，制定符合企业内外部数据管理需要的报表管理体系、报表呈现形式以及指标管理体系，完成数据管理框架的搭建。

（2）建设商业智能系统。管理会计通过建设商业智能系统的方式，一方面可以有效运用先进的工具和技术，提高数据分析能力；另一方面可以借助成熟的分析、视觉化的数据管理系统，实现多方面的数据整理和分析。下面以寿险公司应用的 BI 系统为例进行介绍。BI 系统是储存大量内部和外部数据的仓库性系统，是一种标准性的数据平台，主要运用在两方面：第一，呈报、分析和取得数据；第二，分享各种形式的数据。寿险公司通过运用此系统，在规范数据流程的同时，可以在数据方面实现化散为整，构建基础性的数据资产。

（3）高效筛选数据。数据是管理会计开展各项工作的依据。在大数据背景下，管理会计需要有效甄别出海量数据中的有用信息。基于此，管理会计可以立足企业实际状况，邀请专业人员建立符合企业状况的系统，高效地进行会计数据的筛选，促进各项后续管理会计工作的开展。

3. 整合数据

管理会计人员通过大数据技术可以对已经处理的数据进行整合，如进一步对采购报表、销售报表以及客户报表等进行加工处理，从而使后续会计工作得以高效开展。此外，管理会计在整合数据的过程中可以对现有数据进行有效分析，注重将各个环节的数据进行整合，实现对各个环节（如供产销、人财物等环节）的数据的有效掌控，提高企业决策者方案制定的科学性。

（1）实现精细化管理。下面以寿险公司为例介绍如何实现精细化管理。随着经济的飞速发展，中国寿险规模逐步扩大，然而依旧存在经营成本居高不下的状况。过高的经营成本不利于行业的可持续发展。基于此种状况，管理会计可以借助大数据技术，开展精细化管理，如引入财务费用管理控制系统，对企业中每一位员工的每一笔费用报销、各个部门的预算和核算等数据以及非财务数据实现费用记录的精准化，有效进行精准化管理。通过对上述数据进行汇总和统计，管理会计可以有效实现高性能的数据分析和对标，如探究目标单位成本与实际费用之间的关系、规模保费与单位成本之间的关系，从两对关系中找准具体费用较高的原因，制定相应的精细化管理方案，合理利用每一笔企业资金。

（2）提供有效数据。企业的发展受到多种因素的影响。为了全面管控各个因素，管理会计需要通过大数据技术完成对多种数据的分析处理，为企业决策者提供预测性的数据，促进企业各项活动的有效开展。下面以寿险公司为例进行简要介绍。在寿险公司四级机构的构建中，管理会计可以借助大数据技术的力量，实现对多种数据的有效分析，避免在人财物方面的浪费。在前期筹备四级机构时，管理会计可以运用大数据技术统筹各方面的数据，如机构经营环境数据、人均收入水平以及同行业企业数据等，实施量本利分析，向企业决策者提供有效数据，制定对应人财物运用方案，提高各项资源的利用率。

（二）客观分析竞争对手

管理会计通过有效分析竞争对手，向优秀企业学习，避开这些企业的产品优势，明确自身产品的功能与定位，稳固行业地位。管理会计可以运用管理会计工具和方法，按以下步骤分析对手的相关数据。首先，确定竞争对手。管理会计收集该行业的佼佼者以及与本企业实力相当的企业的数据，确定竞争对手。其次，分析竞争对手。管理会计可以分析竞争对手的产品策略数据、渠道策略数据、价格策略数据、营销策略数据等，并借助SWOT分析模型，对上述数据进行综合性分析，实现对对手的全面化认知，形成竞争分析报告。最后，与竞争对手对比。管理会计可以通过会计工具、方法综合比对分析本企业与竞争对手的优势、差距、机会以及威胁，借助本企业的优势，打造具有差异性的企业发展策略，从而在行业的竞争中获得优势地位。总之，管理会计通过运用大数据技术的方式，从更宏观的角度分析竞争对手，与本企业进行对比，旨在认清本企业的综合水平，形成科学的竞争对手报告，辅助企业决策者相关方案的制定，开展差异化的竞争。

（三）精准开展风险预警

企业最为常见的风险主要集中在资金和运用两个方面，即为财务风险和经营风险。管理会计通过及时认知、规避这些风险可以最大限度地降低企业的各种损失。从实际大数据技术应用而言，管理会计通过使用数据分析的方式，一方面了解整个市场的发展状况、同行业企业的生产现状，及时预判在企业生产中可能遇到的问题，并向企业决策者提供有价值的数据和建议；另一方面及时发现各种财务潜在风险，如通过分析表外的融资能力、潜在的亏损因素和企业资产负债比例，实现科学的财务预警，及时弥补相应的风险漏洞，让企业安全平稳地发展。

（四）全面分析消费群体

管理会计分析消费群体，可以了解消费者的真正需求，制定发挥企业优势的策略，设计、生产符合消费者需求的产品。在具体的消费者群体分析中，管理会计可以结合实际综合运用纷享销客、神州云动、红圈营销、倍市得、励销云等CRM平台，综合分析各种消费群体的需求，制定顺应市场发展趋势的销售战略。与此同时，管理会计可以通过大数据了解消费群体的征信状况，提供更多元的客户征信报告。总之，管理会计可以借助大数据对消费群体进行多角度分析，制作科学的消费群体分析报告，为企业的产品设计、销售策略制定提供有效的数据支撑。

（五）科学运用产品周期

管理会计可以将大数据技术应用于产品生命周期管理中，结合不同的周期，为企业管理者制定策略提供参考数据。具体而言，一是在产品的导入期，管理会计可以协助企业的销售管理者，综合运用大数据技术开展如下工作：设置合理的价格体系、分析潜在竞争对手、评估市场规模，将重点放在加强用户对产品的了解、提高用户的购买意愿上。二是在产品的成长期，管理会计可以协助企业销售管理者，运用大数据开展如下工作：既要在扩大市场份额的同时，不断提升销售数量，又要制造具有新特色的产品，增强产品的竞争力。三是在产品的成熟时期，管理会计运用大数据技术，协助销售管理者开展如下工作：采用多种营销方式，不断拓展现有的营销渠道，扩大市场，消除库存，提高产品销量。四是在产品的衰退期，管理会计可以从消库存和转新品两个角度入手，参与销售管理者的策略制定。在消库存上，管理会计与销售管理者从聚焦细分市场，开展精准营销入手，优化原有的产品营销策略，实现消库存的目标；在转新品方面，管理会计与销售管理者需要整合各种数据，如消费者初次购买数据、再次购买数据等，制作相应的数据报表，以此作为新产品研发的切入口。总之，管理会计通过运用大数据技术，根据产品生命周期合理开展各个环节工作，实现对产品生命周期的全方位监控，并将整个管控过程制作成相应的报表，辅助企业总决策者了解整个公司产品的运营状况，为后期公司发展策略的制定提供科学的数据。

第二节　大数据驱动业财融合的进一步深化

一、大数据驱动业财融合概述

大数据驱动业财融合的发展趋势如下。

（一）发展趋势

1. 组织数字化促进大数据化发展

以企业为单位的组织存在多种数据，如交易数据、纳税数据、资金数据等。这些数据以数字的形式存在于各个部门的系统中。在云计算技术、移动互联网技术以及智能化技术的共同作用下，组织的数据逐渐可以被收集、存储和分享，即呈现数字化特性。

2. 大数据驱动下业财管理实现同步化

业务和财务像是硬币的两面，两者之间既相互联系，又有所不同。业务具有前导性和外部性，而财务与之相反，具有滞后性和内部性。在大数据驱动下，财务的特性被逐步弱化。管理会计可以运用大数据技术，实现对每一个业务数据的收集、整理和处理，参与决策，提前分析、预测各项业务数据，从根本上改变财务的内部性和滞后性，在一定程度上促进业财管理的同步化。

3. 流程数据化推动业财融合

大数据驱动下的业财融合呈现流程化的特性，不再像传统的业务流程和财务流程那样被人为分割，利用数据之间的 ETL（抽取功能、转换功能、加载功能）实现流程的数据化，让各种业财数据以更为直观的方式呈现，有利于管理会计以及其他人员从多维度进行业财数据的收集和运用，发挥在业财融合方面的纽带作用。

4. 利用管理会计工具，发挥数据在决策中的作用

在大数据驱动下，数据需要经过五个层级，即基础信息层、数据输入层、数据集聚层、分析处理层、应用报告层。管理会计可以利用管理会计工具，搭建对应的数据模型，充分发挥大数据技术的优势，利用数据分析和预测功能，为企业业务工作的开展提供必要的决策和预警支持。

（二）业财融合特点

1. 业务属性

业财融合中的业务属性包含了四个方面的内容。第一，全面性。包含业务的全过程。第二，动态性。业财融合中的业务不仅具有灵活性，还具有动态性，业务数据处于动态变化中。第三，交互性。业务数据与其他数据之间具有高度的交互性，互联互通、相互支持，包括人力资源数据、财务数据等。第四，清单性。业财融合的清单性主要是通过业务数据的标准化实现，即通过清单化处理表单的形式实现业务数据的标准化。

2. 会计属性

业财融合的会计属性主要包括如下三点：第一，唯一性。每一笔业务在会计表现上具有唯一性。第二，逻辑性。逻辑性体现了会计记账的特点，即注重以逻辑的形式阐述借方和贷方两者之间的联系。第三，枢纽性。会计是所有数据的交汇点，即所有涉及业务资金的项目均会在会计中展现。

3. 数据属性

业财融合的数据属性突出表现为六点，如图 3-2 所示。

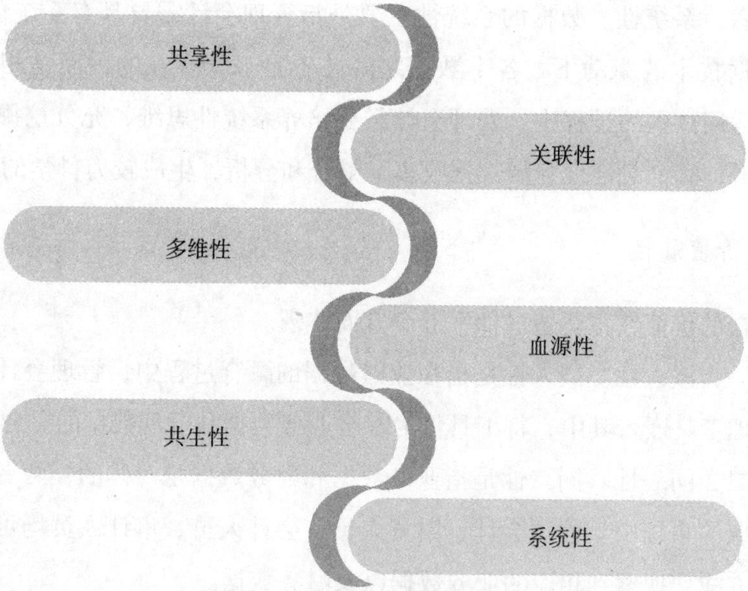

图 3-2　业财融合的数据属性

第一，共享性。共享性是业财融合的基础性特性。管理会计通过运用大数据可以实现业务数据和财务数据的高效共享，即数据一旦产生，便能实现数据的即时共享，实现快速的数据收集和决策。

第二，关联性。关联性即数据之间具有关联性。大数据技术可以最大限度地实现数据之间的有效关联，即让流程内部和流程外部之间的数据建立相应的逻辑联系，有利于管理会计最大限度地收集和分析数据，提升决策的科学性。

第三，多维性。数据的价值主要体现在数据重复运用的次数上。在大数据技术的驱动下，同一数据可以以不同部门的使用为依据，设置相应的标识，实现多维度的数据识读，最终达到提高数据应用价值的目的。

第四，血源性。数据属性的血源性是指数据的溯源性。管理会计在收集数据的过程中，可以结合同一数据的特点以及存在的时间顺序，追溯数据产生的源头以及传输过程，及时发现、纠正数据中存在的问题。

第五，共生性。数据的共生性是指数据与数据间的关系如同生态系统中各生物之间的关系，即各数据间通过相应的模型或是公式，形成新的数据，被其他部门应用或被用到其他环节中，形成相应的数据生态系统。

第六，系统性。数据的系统性主要是指管理会计需要具有系统性思维。在大数据技术的驱动下，各个数据之间并不是孤立存在的，而是相互联系的。在运用数据的过程中，管理会计需要培养系统性思维，充分挖掘数据背后的逻辑，有针对性地开展数据收集、整合和分析，生成较为科学的报告。

4. 价值属性

数据的价值性主要通过如下五个方面体现。

第一，嵌入性。嵌入性是指在业财数据的融合过程中，管理会计需要将各种管理工具嵌入其中，将工具作为整合业务数据和管理数据的黏合剂。

第二，同一性。同一性是指业务数据和财务数据是一体的，两者均被存储于对应的系统中。管理会计、财务人员、会计人员、审计人员均可以通过搜索的方式，搜索到相应的业务数据以及财务数据。

第三，应用性。数据的价值在于实际运用的次数。除此之外，数据的价值还体现在以此数据为基点产生其他数据的过程中。具体而言，业财融合背景下数据应用性，一方面是指数据在决策中发挥作用，另一方面是指数据在管理过程中发挥驱动性的作用。

第四，融合性。在大数据驱动下，业务数据和财务数据之间具有较强的融合性，主要体现在两点：一是从各部门之间的数据传输方面来说，业财数据融合可以有效保证业务部门向财务部门传输业财数据的安全性和完整性；二是从管理会计工具的应用而言，通过业财融合，管理会计可以最大限度地整合企业的内外部信息，及时准确掌握财务数据和业务数据，为有效运用管理会计工具进行数据分析，提供相应的数据支撑。

第五，创造性。大数据驱动下业财融合的最终目的是实现业务数据、财务数据融合价值的最大化。简而言之，使业务数据与财务数据完美融合。管理会计可以结合业务与财务的历史、现实数据，逐渐获得业务发生基准线（主要是指企业成本费用投入，包括人效比、租销比、费销比等），并以此线为依据，对企业内部和外部的各项费用数据进行横向与纵向的改善，促进预测机制的形成，创造性地运用数据内部间的规律，推动相应预测机制的构建和各部门业务驱动的协同，真正实现创造性地运用数据的目的。

（三）机理分析

1. 双循环驱动的业财融合

业财融合的本质是管理会计以业务经营活动为落脚点，以流程为导向，以企业的发展时期为考虑方向，将财务管理活动合理地嵌入企业日常的业务经营活动中，实现业务和财务的有效融合，达到创造经济价值的目的的自驱过程和行为。

业财融合包含两个驱动循环，即运营支持循环和战略决策循环。运营支持循环以资源为核心，遵循“资源驱动流程”“流程驱动数据”“数据驱动管理”“管理驱动价值”的原则。战略决策循环包含两项原则：第一项基础原则是“环境影响战略”“战略影响业务”“业务影响架构”；第二项循环原则是“战略决定目标”“目标决定业务”“业务决定资源”。两种循环之间既相互独立，形成相应的体系，又以资源为纽带，形成相应的倒“8”字循环。

两种循环的联系性还体现在如下两点：第一点，两种循环同样以资源为纽带，将四项内容连接，其分别是运营与决策连接、流程与业务连接、价值与战略连接。第二点，业务与财务相互融合，遵循“你中有我，我中有你”的原则。

2. 大数据驱动业财融合的机理分析

（1）业财融合价值实现的条件。业财融合价值的实现需要满足三个条件：一是业财数据之间的有效融合。二是实现业财在各个机制方面的融合，具体包括流程、技术、制度、组织以及治理机制等。三是将管理会计工具应用于整合和分析业财数据，并发挥数据在决策中的作用。

（2）业财融合的对象。业财融合的对象主要包括广义的大业务和大财务。大业务主要是指与经营相关的各基础性业务，涵盖与经营相关的业务，如物流、采购、生产和销售等；还包括辅助性业务，如研发、计划、人事等。大财务主要包括两个方面的内容：一是会计活动；二是财务活动。

常见的会计活动包括收付有价债券和款项、债务以及债权的发生与结算、收入以及支出费用的计算、财务成果的计算与处理。常见的财务活动主要包括四个方面：一是以筹资为核心的财务活动，包括发行股票、国债；偿还借款、支付股利以及利息等。二是以投资为核心的财务活动，如购买资产、证券等。三是以经营为核心的财务活动，如以从事生产和销售为目的的采购活动、以筹集资金为目的的短期借款活动等。四是以企业分配为核心的财务活动，如依法纳税、向投资者分配利润等。

总之，业财融合的对象包括上述大业务和大财务所包含的内容，业财融合是一种全覆盖、全过程、全方位的管理与经营的综合性活动的总称。

（3）业财融合的驱动因素。

①工具与应用的融合驱动。大数据驱动下的工具与应用的融合驱动主要体现在最小数据单元的归集，即通过数据决策知识的应用以及管理会计工具的应用，实现数据应用价值最大化。

②数据融合驱动。数据融合驱动的前提是机制融合，主要是指财务数据和业务数据的实施沉淀、共享与联动，旨在实现“业务驱动资源”“资源驱动流程”“流程驱动数据”“数据高度融合”。数据融合的关键性因素除上述因素外，还包括财务数据和业务数据在逻辑上的高度融合。

③机制融合驱动。机制融合驱动中的“机制”包括六个方面的内容，即数据治理机制、流程机制、技术机制、制度机制、组织机制、治理机制。在这六个机制中，既有顶层设计机制，又有执行设计机制，还有前瞻性的架构机制，是业财融合中的基础，在整个业财融合中起到关键性作用。

3. 大数据驱动业财融合实现价值创造的机理分析

（1）核心：三个融合。三个融合包括机制融合、数据融合以及工具应用融合。其中，管理会计工具包括供应链管理、业务流程管理（包括管理、再造以及优化等）、管理信息系统、企业资源计划、物料需求计划、平衡计分卡、成本管理（包括作业成本法、目标成本法等）、预算管理、决策模型、分析工具等。

（2）加持：两个循环。两个循环分别指战略决策循环和运营支持循环。战略决策循环侧重的是上层建筑，着重强调的是顶层、宏观层面；运营支持循环是下层基础，将关注点放在具体的战略执行上，侧重于企业的具体运营过程。这两个循环以资源为纽带，以战略、价值、流程为形式，以机制融合、数据融合和工具融合为手段，以为企业创造价值为最终目的，形成“你中有我，我中有你”的紧密关系。

（3）驱动：资源耗用。资源涉及方方面面的内容，如设备、场地、时间、人力等。企业的作用是充分利用自身的优势，合理利用各种资源，达到创造最大价值的目的。资源与战略决策循环、运营支持循环存在密切的关系。资源是战略决策循环的起点，涉及企业内资源和企业外资源。在企业内资源方面，管理会计通过大数据技术，有针对性地对业务数据和财务数据进行整理，建立对应的数据模型，制定对应的内部资源运用战略决策，实现内部资源的优化配置，在市场竞争中获得资源优势。就企业外资源来说，管理会计可以辅助企业决策者制定长期的发展战略，更好地将其运用于市场竞争，为企业的发展谋划更为长远的战略性储备资源。资源是运营支持循环的重点，注重强调的是资源的运用过程，即强调“怎么做”。从资源耗用的角度看两个循环，资源的配置连接的是企业战略决策循环，资源的耗费连接的是具体的运营流程，其流程主要涉及业务中的流程驱动。在实际的资源耗用上，三个融合一方面可以在资源耗用的过程中为战略决策循环提供必要支撑；另一方面可以在资源耗用的过程中为运营支持循环提供相应分析，形成战略决策循环与运营支持循环的合力，促进业财融合价值得到最大限度的发挥。

二、大数据驱动业财融合案例

下面以中国铁塔股份有限公司为例，对该公司在共享理念指导下业财融合管理会计创新应用进行介绍，旨在为其他公司开展业财融合提供借鉴。

中国铁塔股份有限公司（以下简称中国铁塔）成立于2014年7月。2015年，该公司在承接中国联通、中国移动、中国电信三家公司通信基础设施上，为三家公司提供信息服务、资源维护和建设服务。2018年，该公司成功在香港主板上市。2019年，公司成为全球最大的通信公司。中国铁塔是一家重资产业的公司，其生存和发展的根本优势是高效率、低成本、管理资源集约化、运营资产专业化。该公司自成立以来，在共享理念的指导下，全面推动业财一体化在管理会计中的创新应用，并实施数字化经营和平台化管理，取得了良好的效果，其业财融合模式值得进行推广。

（一）公司战略

中国铁塔的战略主要由三层构成：第一层，基础层（又称一体层）。该层主要是共享理念的执行，包括行业资源共享、与社会资源双向共享、能源共享以及管理平台共享。第二层，业务层（又称两翼层）。业务层中的运营商主体为塔类。业务层中的具体内容主要是能源经营和跨行业经营。第三层，目的层。目的层的内容是中国铁塔发展的最终战略目标，即成为具有国际视野的创造型和成长型公司。

为了实现上述公司战略发展目标，中国铁塔深入落实“一体两翼”的战略，着重从共享理念的落实以及数字化业财融合运营体系的建立两个方面入手，推动经营业绩的持续增长。

（二）共享理念

中国铁塔不仅深度解读共享理念，将共享理念深度融入公司发展模式中，还将共享理念贯彻落实在具体的公司发展实践上。在资产的使用上，中国铁塔切实秉持共享理念，将资产的运用方式由最初的一家使用，发展为多家使用，最终发展为社会共享。由此可见，共享是中国铁塔创立的“初心”，也是实现公司价值创造的最终源泉。公司发展至今，共享理念已经在多个方面得到落实，如图 3-3 所示。

图 3-3　共享理念的落实

1. 行业资源共享

在行业资源共享理念的指导下，中国铁塔将关注的重心集中在运用后端通信基础设施业务上，坚决避免与前端业务形成竞争关系。在这种理念的指导下，中国铁塔成功促成“前端市场竞争、后端资源共享”局面的形成，实现让三大运营商在基础设施成本更低的状况下开展合理竞争。这种做法的目的是实现最大限度的行业资源共享，其意义主要体现为如下三点：第一，就电信企业而言，行业资源共享有利于让电信企业将更多的资金用于开发新技术、拓展新业务，有利于推动电信企业结构的优化。第二，从统一建设规划而言，中国铁塔通过共享资源实现对三家电信企业的对接、规划和管理，促进整体基础设施管理水平的提升。第三，从需求层面而言，通过实现行业资源共享，电信企业将更多的时间、精力集中在提高网络质量以及服务质量上，能够更好地满足用户对于网络的需求。

2. 与社会资源的双向共享

双向资源共享一方面是中国铁塔对外开放资源；另一方面是该公司积极运用各种社会资源，实现公司资源和社会资源的优化配置，促使公司获得更大的经济效益和社会效益。

在公司资源对外开放方面，中国铁塔将站址资源作为对外开放的重点，将“通信塔”转变为“社会塔”，为公司网络覆盖的各行各业提供多种服务，如地震监测、海事监测、卫星信号增强、各种监控应用（包括气象环境、森林防火、高速高铁等）。通过对外开放资源，中国铁塔在提升本公司站址资源利用效率的同时，也为其他企业创造了更大的经济效益。

在利用各种社会资源方面，中国铁塔结合公司发展情况以及网络覆盖实际情况，积极运用各种社会资源，如物业场所、电杆、灯杆等，实现移动覆盖的方式从“单点建塔”向“多面覆盖”转化，这在提高社会资源利用效率的同时，实现了公司资源消耗的最小化。

总之，中国铁塔通过双向共享，既让公司资源在社会层面得到最大限度的运用，又在增强公司自身的综合服务能力、降低成本的同时，积极完善本公司的网络覆盖结构，积极为社会作出贡献，实现资源运用的双赢。

3. 能源共享

中国铁塔设立铁塔能源有限公司，旨在将能源共享作为公司发展的重要战略之一，积极开拓前景广阔的社会能源保障市场。基于这种目的，中国铁塔着力搭建电力能源保障体系，凭借自身在能源储备方面的技术优势和管理经验，开展能源经营业务试点工作，初步形成包括备电、发电、充电、换电的综合产品体系，培育了该公司在能源共享方面的业务经营能力。除此之外，中国铁塔积极探索社会化经营和服务，如运用动力电池运营经验以及基站电力保障能力，提供各种能源服务。比如，在公司客户出现意外断电时，可以提供备用应急电源服务，并为公司客户提供电力耗尽充电提示服务。通过能源共享服务的业务模式创新，中国铁塔布局了多方面的社会化经营服务，如备电、发电、充电、换电、梯次电池利用等服务，在实现能源共享的同时，获得了丰厚的经济效益。

4. 管理平台共享

通过构建管理共享平台，中国铁塔实现了内外部数据资源的有效汇总，充分利用各种外部数据，如行业资源共享、社会资源双向共享、能源共享方面的数据，为公司未来的发展提供具有时效性的数据支撑，并将这些数据与管理会计工具进行完美融合，辅助管理会计更高效地开展各种管理性、预测性工作。

现阶段，中国铁塔有效利用各个分公司与总公司经营模式相同、同质化的特点，构建集中化和扁平化的“互联网+”运营平台，实现财务系统和业务系统的有效连接，促进系统数据的高效、准确传输，形成垂直穿透式的信息化系统，为高效、透明的业务驱动财务处理自动化的实现奠定坚实的技术基础。总之，中国铁塔通过构建统一的管理共享平台，实现了资产资源的数据化，进一步促进了数据资源、硬件资源以及管理资源的高效共享，并在管理平台中引入云计算方式，助力上述资源的扩容，推动数据资源的统一、更新和修正。

（三）管理会计创新应用

在管理会计创新应用中，中国铁塔在深入研究本公司业务共享的前提下，多角度分析自身的商务模式，着重借助业财融合，根据自身资源共享性强、业务同质化、资产高度分散的特点构建管理会计体系。下面从服务于价值创造的管理会计整体架构、中国铁塔的业财融合两个方面进行介绍。

1. 服务于价值创造的管理会计整体架构

该框架立足共享理念，服务于公司发展战略，依托 IT 技术和业财融合，借助多种会计管理工具，服务于公司的价值创造。

该框架一方面可以服务于为公司创造价值的最终目标，另一方面可以推动“一体两翼”战略目标的实现。该框架主要借助大数据技术搭建 IT 支撑系统，推动业务数据和财务数据的有机融合，打造数字化管理环境。此外，该框架借助 IT 支撑系统实现以“单站核算”为基础的精细化管理，其中涉及的精准管理内容包括监控落实、原因分析、定位问题以及造价管控等。总之，该框架中的 IT 支撑系统以预算管理为决策工具，以战略导向的绩效考核制度和标杆管理为保证，借助多种管理工具，如绩效管理、预算管理、标杆管理以及精细化管理等，构建服务于价值创造的管理会计整体框架。

2. 中国铁塔的业财融合

中国铁塔在业财融合方面着重从业务流程规范、建立与对接业财管理制度两方面入手，旨在打造业财融合的基础。就业务流程规范来说，中国铁塔建立标准化的业务流程，主要着眼于业务的整个过程，涉及承接需求、签订订单、项目立项、项目施工、验收交付、客户起租、计量收入等多方面内容，有效促进了数字化管理。从建立与对接业财管理制度而言，中国铁塔落实“三个一”，即一套制度、一个流程、一体化业财思路，构建集互联性、开放性和共享性于一体的数字化管理会计整体框架。

（1）业务数据化。

①资产管理数字化。在资产管理数字化的实现过程中，中国铁塔着重从数据标准的统一、资产管理系统的搭建两方面着手。

第一，数据标准的统一。中国铁塔通过建立专门的数据管理中心，完成对关键主数据的梳理，其中涉及的关键主数据包括各主体数据，如客户数据、业主数据以及供应商数据；编码数据，如物资服务编码、项目编码、站址编码；其他数据，如组织架构等。通过对上述数据的梳理，中国铁塔可以借助主数据信息管理系统，将主数据分发到各个业务系统中，实现标准化的数据处理。例如，在统一站址编码（主要标识为各个铁塔站址的各项数据，如名称、经纬度、所在地）的过程中，公共数据库负责人需要对站址编码做到统一管理，结合公司在各个编码的统一数据标准和入口，规范各个站址编码的形式，实现全流程、全业务编码传输以及编码传输实时性。

第二，资产管理系统的搭建。在数据标准统一后，中国铁塔的相关部门开始搭建资产管理系统，目的是实现资产全生命周期的管理。该资产管理系统主要是对公司中的实物资源信息进行全方位管理，其中的价值核算主要由该系统的财务系统资产管理模块负责，在实物资源和财务资源的管理中，实现“四个一”的管理模式，即一个流程、一张标签、一套编码和一个入口。通过运用该系统，中国铁塔的管理人员可以实现对资产从形成（项目的立项、设计、建设、验收、决算）到运营（资产的维护、盘点、转让、置换、报废）的整个过程的数字化管理。

②运营维护智能化。智能化运营维护主要是指“互联网＋运维监控”运营维护体系。中国铁塔通过构建集中统一的智能化体系，可以实现对全国铁塔设施以及环境的统一监控和维护。该体系建立的基础是物联网架构，使用了具有创新性的智能数据采集器（FSU），具有标准的协议结构，可以实现数据的高效传播，降低相应的安装成本，还有利于对底层网元设备进行多种操作，如遥控、遥信、遥调等。公司总部以及分公司可以通过运营体系，借助资产数据化信息，实现全国塔站可控、可管和可视。

值得注意的是，智能化管理维护还能实现与财务系统的对接。例如，该运营维护体系通过多种传感器，对各站塔的运行状况进行有针对性的监控，如基站的电力状况、温度信息等，并针对其中的问题信息及时报警，实现对故障数据的收集、分析和处理，并向总部发出相应的反馈信息。总部接到报警信息后，根据出现故障的位置，派遣相应的维护人员，进行相应的维护，并将维护的具体费用数据上传到财务系统中。财务系统通过对维护人员的人工成本、部件成本、修理成本等维护成本的自动归集，建立相应的费用数据模型，为后期的运营维护提供强有力的数据支撑。

③采购管理平台化。中国铁塔建立了在线商务平台，实现平台化采购管理。该平台以电商模式为基底，建立全国性的一级采购平台，在建立相应电子交易系统的同时，设定统一的认证标准，旨在形成全国统一的铁塔电商市场。在平台的认证和准入方面，公司总部设定“四个统一”标准，即统一支付、统一价格、统一准入以及统一认证。这种准入方式一方面保证了交易的安全性；另一方面最大限度集中了公司的设备供应商，既可以缩短采购周期，又能够降低采购成本，实现采购全程数字化，落实“阳光采购”。

（2）财务与业务的融合共享。

中国铁塔针对公司资产体量大、业务同质化程度高、人员数量少等特点，通过业财融合的方式，最大限度地实现了会计核算的自动化和网络化，落实财务集中管控和核算的财务模式，实现了资产核算自动化以及损益自动核算，真正将财务职能以系统和流程的方式渗透到管理领域，实现业财融合价值创造的最大化。

①自动化核算。

a. 收入与营业款。中国铁塔通过财务核算管理系统与客户关系管理系统之间的数据对接和共享，实现营业款收回和营业收入之间的自动核算。简而言之，自动核算主要由营业款收回流程和营业收入流程两部分构成。

营业款收回核算自动化流程包括如下步骤：首先，客户付款。客户管理系统（CRM 系统）出具客户结算清单，在客户确认后，向客户开具发票通知单，通知付款。其次，计入预收。资金系统查询和确认客户回款，并将结算款送至应收模块，计入预收。再次，核销。客户经理通过 CRM 系统接收结算款，进行相应的应收款项核销。最后，将收款核销凭证纳入总账。出纳核销以 CRM 系统传递到财务系统应收模块的应收账款，并将其生成收款核销凭证，纳入总账。

营业收入确认核算自动化流程如下：首先，正式出账。客户关系管理系统以客户的起租计费方式进行预出账处理，在经过业务和财务的双向审核后，正式出账。其次，将数据传入应收模块。客户管理系统根据收入数据，通过系统接口，将出账数据传送至财务核算系统的应收模块中。最后，生成核算凭证。财务核算系统以核算规则为依据，将业务数据转换成核算凭证，并自动生成应收及收入凭证，传至总账。

b. 场地租金。场地租金成本是中国铁塔成本的重要构成之一，其自动化核算是通过财务系统、物业系统以及合同系统三者之间的数据对接和传送实现的。场地租金自动核算的过程如下：首先，场地租金成本原始信息来源于合同系统，即通过合同系统实现一点修正、一点录入。其次，形成月度场租金额，推送至财务系统。合同系统将场租信息推送到物业系统。物业系统以合同信息为依据自动生成对应的场租成本卡片，以月为期限，结合合同的金额以及期限生成月度场租金额，并将金额与对应的合同地址进行准确匹配，形成相应的付款数据，推送到财务系统中。最后，自动核算。物业系统负责自动核算，其过程是通过报账系统，在资金系统中完成支付。

总之，场地租金核算自动化以源头录入为开端，即通过合同系统完成合同信息的录入；以自动传递为过程，即合同系统向物业系统传递数据，再向财务系统传递数据；以刚性管理为结果，即以物业系统进行有针对性的收费为终结，实现自动核算，落实场地租金业务的业财融合。

c. 工程项目。中国铁塔工程项目自动核算采用“互联网＋模块化”的形式，其中的模块化是指物资和服务的统一化和标准化，即将工程项目划分成实际生产需要的产品模块，如塔基产品模块、塔桅产品模块等，并在各个模块以下的层级设定标准化格式和内容，主要包括基准价格、工作内容、名称以及计量单位。此外，工程项目自动核算的模块化还是开展线上采购工作的关键。公司可以自动核算模块为依据，通过在线商务平台实现统一采购，合理控制项目工程中的造价和采购质量。总之，中国铁塔通过将在线商务平台与模块化进行有机融合，提高管理项目的质量，提升管控水平。

工程项目自动核算的流程：第一，使物资、服务与账面资产对应。公司通过在线商务平台将工程项目采购订单数字化，结合统一数字标准体系，设定相应的物资服务编码，让账面资产与全部服务和物资一一对应。第二，统一自动化规则，实现自动核算。公司以工程项目核算、转入固定资产、转配等为切入口，统一这部分内容的自动化规则，实现全部工程项目的自动核算。

②一体化管理。一体化管理的对象是资源资产。一体化管理系统落实

"三个一"的原则，即一个入口、一个流程、一套编码。在实际的一体化管理过程中，中国铁塔注重提供如下几点重要支持：第一，保证数据源头的一致性。为此，中国铁塔在一体化管理系统中运用项目管理系统，让其统一生成资产与资源数据。第二，实现对各项流程的监控和管理。一体化管理系统的资源系统负责对各项资产运行流程进行监控，如报废、置换、转让、盘点、维修、闲置、利旧、调拨等。第三，一体化管理系统的资产卡片在资源系统完成各个流程的操作后，自动更新对应资产资源的卡片，并在卡片上重新"写上"对应资产资源的价值。值得一提的是，在一体化管理系统操作过程中，财务人员并不需要进行干预。

③全生命周期管理。全生命周期管理的对象是资产，实现的途径是通过运营维护体系、财务系统和业务系统，实现的效果是运营成本的可控性、运营维护的可管性、资源能力的可视性。全生命周期管理的主要形式有两种：第一种是在工程项目的管理自动化核算过程中，公司运用在线商务平台与模块化相结合的方式，实现从项目理想、项目设计、项目采购、项目建设、项目验收以及项目决算的全过程自动化核算。第二种是公司通过资源资产的一体化设计，实现对资产资源从形成到后期运营的全过程的处理。一方面降低运营成本，充分为公司创造价值；另一方面促进资源全生命周期管理能力的提升。

（3）管理精益化——建立单站核算管理会计体系。

①作用。建立单站核算管理会计体系的作用如下：第一，了解各个物理站址的成本和收益情况。第二，制作损益表，实现有效管理。中国铁塔通过实现财务系统和业务系统的有效对接，一方面实现了业务系统数据与实际单站的有效对应；另一方面明确了财务系统中物理站址的核算对象，设定相应的损益表。中国铁塔以损益表为依据，开展精细化管理，达到降本增效的目的。

②思路。管理精益化的大致思路：中国铁塔利用公司监管平台，以单站核算为基础单位，随时了解各个站址的运营状态和损益状况，并通过相应的业绩数据表实现全方位的监管。这就需要每个主体建立业绩数据表，清晰地呈现相应的站址数据。业绩数据表由三个损益表构成，一个站址一张损益

表、一个经营主体一张损益表、一个经营责任人一张损益表。

③单站核算对精益管理的作用。从实际管理精益化而言，单站核算可以为公司的运营管理提供强有力的支撑，主要体现在如下三个方面。首先，提高全面预算的精准管理水平。中国铁塔通过精益化预算管理方式，及时发现数据中的异常，精准定位其中的问题，分析对应问题产生的原因，在解决实际问题的过程中，找准提高单站收益率的方法，提升单站的经济效益，达到全面提高精准管理预算水平的目的。其次，实现对单站内部的有效管理。通过单站核算可以实现全过程的管控，进一步定位、解决单站管理问题。除此之外，通过全过程管控，中国铁塔在临近的单站之间设立标杆，督促各个分公司以标杆为依据，有针对性地进行管理调整，实现管理水平的提升。最后，有利于落实单站核算支撑考核管理。每个单站对应的是各分公司责任中心，在承担经营主体责任的同时，可以更为直观地反映各个责任主体在业绩方面的差异，有利于进行业绩考评。

④单站核算的其他作用。中国铁塔依托单站核算会计管理体系的构建，实现精益化管理，并着眼于成本对标评价、过程管控、平台采购以及完善建设方案，实现更全面的经营管控，实现更细致化的预算管理与投资评价、全面运营与经济效益评价、收支配比等精细化管理，实现高效、透明的互联网集约管理，促进降本增效。

（4）以战略为导向的绩效考核制度。

①未来的发展规划。为了实现公司发展战略目标，中国铁塔制定未来的发展规划。首先，在营业收入方面，在国际同行中保持领先；其次，在盈利水平方面，利润增长超过收入增长；最后，打造两型企业，即成长型和价值创造型企业。

②考核指标体系的内容。考核指标体系涉及三个方面的内容。第一，业务发展指标，它衡量的依据是营业收入增长率，调整的依据是回款率和息税折旧摊销前利润（EBITDA），业务发展指标需要与发展规划中的营业收入增幅相匹配；第二，经济效益指标，它衡量的依据为资产报酬率，调整的重要指标是利润完成差异率和利润改善贡献率，经济效益指标需要与发展规划中的利润增长同步；第三，重大责任事项指标，它主要由安全生产、内部控

制规范以及综合服务能力三部分构成，重大责任事项指标需要体现公司风险管理要求。

③绩效考核下的内部排名。通过绩效考核下的内部排名，中国铁塔旨在以绩效为依据制定相应的奖励策略。首先，将各省分公司年度绩效考核结果与其成员年度绩效挂钩，发挥绩效考核的“指挥棒”作用。其次，将绩效考核结果作为干部任免、提拔的重要量化参考依据。

（5）预算管理与标杆管理的有效整合。

①预算管理。

a. 预算管理的特点表现。预算编制精细化，其管理内容需要分产品、分客户、分区域、分存量实现细致化的预算，并以单站核算为基本单位，落实成本、投资和收入三方面预算。

b. 预算编制的目标制定。预算编制目标制定主要取决于两点，分别是精细化单站核算和业绩考核制度引导。在制定业绩考核制度时，中国铁塔设置了利润完成差异率调整指标，可以引导各公司制定更准确的预算目标。

②预算管理与标杆管理有效整合。预算管理与标杆管理的有效整合主要体现在数据对比和分析数据背后的原因上。在数据对比方面，中国铁塔通过各分公司反馈的预算情况，试算考核指标得分。各个分公司可以通过将得分与其他分公司，尤其是内部标杆公司得分进行对比，明确公司与其他分公司，尤其是内部标杆公司的差距。在分析数据背后的原因方面，辅助各个分公司实现横向和纵向的数据对比，分析其中存在的问题，有针对性地提供细致的指导，让各分公司对标先进找差距，结合本公司的实际水平进行预算目标调整。

（四）启示

1. 通过构建统一的管理平台提升管理会计整合效果

基于中国铁塔专业化运营资产、共享性商业模式、高同质性的业务、高分散性资产的特点，中国铁塔需要构建低成本、高效率的平台化管理模式。具体而言，在正确认识本公司实际的情况下，中国铁塔采用了统一的管理平台，其良好的整合效果主要体现在如下两个方面。

第一，对总部而言，总部依托统一的管理平台，实时了解全国各分公司的业务、财务状况，借助大数据的力量，针对发现的问题及时进行跟踪，督促分公司解决。此外，总部可以依托此平台，综合运用多种管理会计工具，如单站核算、预算管理以及资产全生命周期管理等，促进公司的盈利能力提升。

第二，对各分公司而言，各分公司能够及时地通过此平台对标标杆分公司，找准本公司发展中存在的问题，分析存在这些问题的原因，制定相应的策略，如从降低运营成本、促进资产延寿、降低建设成本等方面入手，多维度提高经营管理水平，增强公司的盈利能力。

综上所述，通过运用统一的管理平台，中国铁塔可以最大限度地实现对公司的全方位监管，提高对各项数据的收集和综合运用能力，为提升决策效率提供良好的数据基础，进一步强化管理会计的应用效果。

2. 业财融合是管理会计创新的核心，要渗透生产经营全过程

中国铁塔管理会计创新的基础是业财融合，注重从业财融合的细化入手，加强预算管控的效果，为更好地实施业绩管理提供了基础，同时提升了财务工作效率。中国铁塔通过打造业务财务融合的系统，将财务渗透各个业务领域。收入、场租、电费、维护费、工程项目等业务明细同时作为财务明细账，业务人员在业务系统操作完毕后，业务明细和财务明细数据自动同步生成，实现了真正的业务财务一体化和会计核算自动化。依托业财融合的系统，中国铁塔用有限的人力支撑了海量的工作，极大地提升了会计核算效率。总部财务部以 20 名财务人员的配置，面向 31 个省、381 个地市实施财务职能管理，实现了集团一点出报表、总部集中支付、自动转资、自动核算，实现了全公司核算业务的集中统一控制。

3. 业财融合需要以明确的公司战略为导向

（1）业财融合与公司战略之间的关系。业财融合对公司战略的影响主要体现在业财融合有利于公司战略落地，公司战略可以为业财融合提供指引。

由此可见，业财融合和公司战略是相互促进的关系。

（2）业财融合需要以明确的公司战略为导向。中国铁塔的业财融合以共享为基础，促进了公司成长和价值创造，“优服务、高效率、低成本”，提升了公司综合竞争力。总之，业财融合让中国铁塔的战略得以实施，中国铁塔的战略为业财融合提供了战略指引，最终促进中国铁塔朝着成长型和创新型公司的方向发展。

4. 集中统一的IT技术支撑是基础

IT技术支持作为基础主要表现在，中国铁塔拥有掌握核心技术的IT团队，该团队坚持服务基层、业务主导、资源共享、统一平台、自主开发。该团队结合本公司的业务实际有针对性地开发业务系统软件，在系统设计过程中坚持业务部门主导，立足一线实际进行流程设计，主导业务流程验证。总之，中国铁塔通过本公司的IT团队设计本公司自己的IT系统，一方面有利于保证公司的各项数据安全；另一方面有助于促进IT系统与本公司的业务实际充分融合，为促进业财融合提供了强有力的系统支撑。

（五）不足

在业财融合的前提下，中国铁塔具有较强的业务数据收集、加工和处理能力，为会计管理功能的发挥提供了强有力的数据支撑。但是，中国铁塔也存在一定不足，如未能充分有效地挖掘公司海量运营与财务数据资源的潜力。突出表现为，中国铁塔尚不具备较强的将大数据技术运用于成本动因分析、财务数据监控、业务预警、投资前评估以及指导定价决策等方面的能力。因此，中国铁塔需要充分挖掘自身对精细站址数据资源的运用潜力，着重从优化投资决策模型入手，制定具有针对性的价值提升方案，实现管理会计与大数据管理的有机融合，促进智能化管理水平的进一步提升，推动数字化背景下管理会计体系的优化升级。

第三节　大数据驱动管理会计数智化转型

一、大数据驱动下的管理会计工作相关内容

（一）管理会计的工作领域

管理会计的工作领域主要划分成两大领域：第一大领域是财务类领域，主要涉及财务中的分类、记录和计量，形成相应的财务报表，如现金流量表、损益表、资产负债表。第二大领域是业务类领域，主要涉及的内容为采购数据、生产数据、销售数据等。

（二）管理会计的工作任务

管理会计的工作任务主要分为五个方面，如图 3-4 所示。

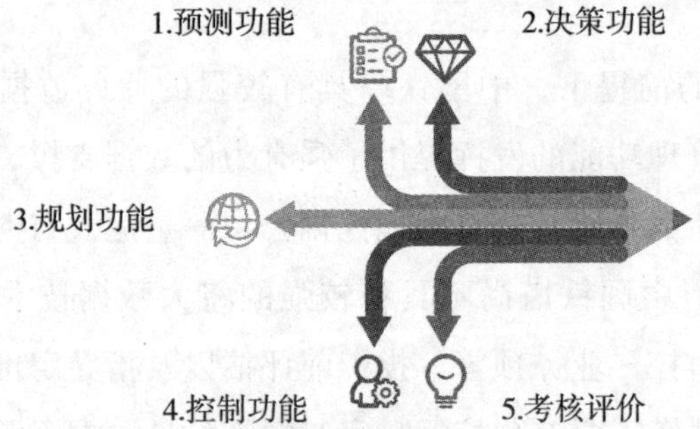

图 3-4　管理会计的工作任务

第一，预测功能，即预测经济前景。管理会计运用各种科学的方法实现对客观事物未来发展的必然性或可能性的准确推测。就预测经济前景而言，管理会计一方面需要深入研究经济发展规律以及规律存在和发挥作用的具体条件；另一方面需要在研究上述内容的基础上，合理选择相应的量化模型，并以此作为推测企业未来销售、利润、成本及资金的变动趋势和水平的重要依据，为企业经营决策提供相对科学的信息。

第二，决策功能，即参与经济决策。管理会计参与经济决策的目标是收集、整理相应的数据，合理设定相应的评价指标，做出针对性财务评价，推动最优行动方案的制定。

第三，规划功能，即规划经济目标。管理会计的规划职能主要通过编制各种预算的形式实现。在规划经济目标的过程中，管理会计以最终决策方案为基础，将确定好的经济目标分解落实到相应的预算中，合理协调人、财、物以及供、产、销之间的关系，推动控制能力的提升，为责任考评创造条件。

第四，控制功能，即控制经济过程。管理会计的控制职能主要体现在事前控制、事中控制相结合，即在事前确定科学的标准。在具体的执行中，寻找实际和计划间存在偏差的具体原因，着力调整控制方式和目标，确保各项经济活动的有效进行。

第五，考核评价，即对经营的业绩进行针对性评价。为了发挥这一职能，管理会计需要建立责任会计制度，明确各个部门以及部门成员具体的责任范围，选择合适的可量化的考核指标，开展逐级考核，将被考核主体达标与否作为采取赏罚措施和改进工作的依据，以最大限度地激发相应主体的积极性。

（三）管理会计的工作分工

管理会计具体分为基础性质的管理会计、业务性质的管理会计、财务性质的管理会计。管理会计根据工作分工的不同主要分为三个层级。第一层级，执行层级。执行层级的主体是基础性质的管理会计，扮演的是执行者的角色。基础性质的管理会计主要负责执行财务性质管理会计和业务性质管理会计制定的策略及计划。第二层级，策略层级。策略层级主要是财务性质的管理会计和业务性质的管理会计。财务性质的管理会计的职能是借助大数据技术进行财务数据的收集、整理和分析，形成财务数据报表，为实行规划提供指导，为战略决策提供支持。业务性质的管理会计主要负责业务数据的统计，并形成相应业务数据报表。第三层级，策划层级。策划层级除了包括策略层级的两类管理会计外，还包括企业各个部门的负责人、企业的总负责人等。上述主体通过汇总的财务数据报表、业务数据报表以及两者的综合数据报表，定期开展针对性的线上和线下探讨，实现对整个企业管理数据的高度集中处理、有效深度解读，促进各种战略性策略的精准制定，如基础性质管理会计需要执行的业务计划、财务计划，以及业财融合性质的计划。管理会计的工作分工如图 3-5 所示。

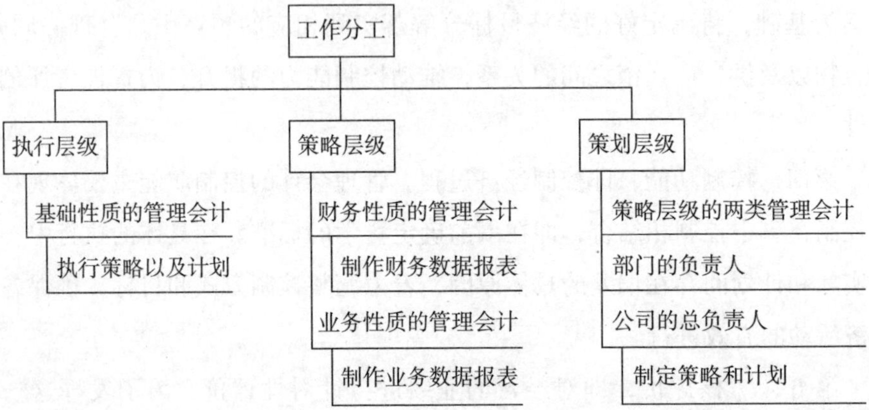

图 3-5　管理会计的工作分工

（四）管理会计的工作目标

管理会计工作目标主要分为工作内容目标、工作决策目标以及工作效果目标。

工作内容目标：业务目标、财务目标。就业务目标而言，大数据驱动管理会计的数智化转型，旨在辅助业务性质的管理会计实现对采购数据、生产数据、销售数据、售后服务数据等的把握。就财务目标而言，大数据驱动管理会计的数智化转型，旨在辅助财务性质的管理会计达到如下目的：一是提升财务合规能力，二是挖掘有价值的财务数据，三是提高财务工作的效率，四是降低财务基础工作的成本。

工作决策目标：大数据驱动管理会计的数智化转型，可以准确把握企业内部的数据（如上面提到的业财数据）以及外部数据（如竞争企业数据、行业数据、经济数据等），为部门管理层以及高层领导的决策提供强有力的数据支撑。

工作效果目标：大数据驱动管理会计的数智化转型，旨在提升各项管理工作的安全性、高效性、实时性、全面性、精细化程度，推动整个企业管理水平迈上新台阶。

（五）管理会计的工作场景

管理会计数智化转型并非一项简单的任务，大数据技术是其主要的驱动力量，但除大数据技术外，还需要综合应用多种新技术，包括人工智能、移动互联、云计算、物联网以及区块链等。因此，管理会计的工作场景主要包括如下六个方面。

第一，大数据的应用场景，主要包括预算的自动推导、优化派单路径、精准解读客户、自动筛选风险。

第二，人工智能的应用场景，主要包括认知智能的应用场景、运算智能的应用场景以及感知智能的运算场景。具体而言，认知智能的应用场景主要包括财务层面的财务分析专家系统、虚拟个人助手以及智能客服等；运算智能的应用场景包括各类财务 RPA、财务的关联分析和多维分析；感知智能的应用场景包括各种识别，如语音识别、图像识别、人脸识别等，主要保障企业各种数据采集的安全性。

第三，移动互联网的应用场景。以财务为例，其常见的应用场景包括移动身份认证、移动报账、移动商旅、移动审批等，实现各种数据的线上确认，提高各项工作的管理效率。

第四，云计算的应用场景，主要包括两个层面。第一层面，以中大型企业为例，此类企业通过运用混合云或是私有云的方式，实现各种财务数据、业务数据在各个部门、分公司及总公司的有效、实时共享。第二层面，以中小微企业为例，中小微企业主要是应用云计算的代理记账服务和软件即服务（Software-as-a-Service，SaaS）服务平台，实现业财数据的上传、整理、分析和运用，辅助管理会计制定多种管理策略。

第五，物联网的应用场景。物联网可以应用在多种场景中，如企业资产资源的定位、追踪、管理和识别，又如业财数据的追踪和管理等，有助于辅助管理会计有效、及时和全面地对有形资产资源以及无形数据实施管理。以资产管理的自动盘点场景为例，管理会计可以使用物联网技术，如资产追踪平台，通过相应的物联网传感器实现货架标签、条形码、二维码的读取，动态化了解库存数量，将库存数据传输到企业的总数据系统中，实现对库存数据的准确把握。

第六，区块链的应用场景。区块链可以应用在各个方面，如存证、电子发票、产品溯源、供应链金融，又如归档，自动管理企业账簿、凭证、会计报告等，有效保障企业的业财数据的完整性和安全性。

二、大数据驱动管理会计数智化转型的总体思路

大数据驱动管理会计数智化转型是未来企业管理的总趋势。企业既要认识到转型的意义，又要与本企业的发展实际相结合，真正构建定位清晰、目标明确、原则科学、内容可靠的数智化管理会计体系。

（一）定位

为了适应现阶段市场竞争的要求，提高企业的综合管理能力，企业需要推动管理会计的数智化转型，真正引入各种新技术，推动企业在数据收集、处理和应用方面的能力的提升，提高企业的整体管理水平。

（二）目标

管理会计数智化转型的主要目标有三个。

在财务层面，企业遵循“业务驱动财务”的原则，借助企业的智能管理会计共享平台，通过财务自动化功能的实现，推动财务由核算型向管理型转变。财务数智化转型主要表现为，自动化与标准化的会计核算、集中化与自动化的资金结算、自动化的对账与资产盘点、自动化的税务计算与申报、自动化与电子化的会计档案管理。

在业务层面，会计管理数智化转型的目标是通过智能管理会计共享平台，实现如下业务活动的自动化，即智能化的税务风险检测、过程化与标准化的项目管理、自动化的成本归集和计算、自动化与前置化的预算控制、自动化的预算编制分析等。通过实现这些业务活动的自动化，管理会计可以高效开展业务，增强业务管理的规范性，增强过程控制的科学性，推动企业管

控水平的提升。

在管理层面，管理会计科学运用多种技术，如大数据、人工智能、移动互联、云计算、物联网以及区块链等技术，构建多种数据模型，如数据挖掘模型、多维分析模型，推动业财数据的融合，增强管理的精细化水平和协同性，为决策提供数据支持，实现全面的风险评估，促进企业在管理方面的数智化转型，助力企业的高质量发展。

总之，在推动管理会计数智化转型过程中，企业一方面要分层次进行管理，如从财务层面和业务层面入手；另一方面要从管理层面入手，实现各项数据的有效整合。

（三）原则

企业管理会计数智化转型需要从整体上和局部上落实。在整体上，企业要落实全面智能、精细管理、高效融合、深度协同和全面共享的原则。在局部上，管理会计的数智化转型需要遵循如下四项原则。

第一，系统性原则。系统性主要体现在实现各个系统数据的对接上，这样有利于最大程度上实现数据融合、收集和整理，构建多维数据模型，可以为企业管理层决策提供数据支撑。系统主要包括财务层面的财务共享平台、大数据分析应用平台，业务层面的业务经营管理平台、大数据基础平台、外部交易管控平台。

第二，前瞻性原则。在进行管理会计数智化转型的过程中，企业需要遵循前瞻性原则，要以企业的发展现状为依据，着眼于大数据技术发展的未来，真正让大数据技术切合企业管理实际，顺应企业发展趋势，发挥积极作用。

第三，先进性原则。在大数据驱动管理会计数智化转型过程中，企业需要秉持先进性原则。一是采用最为先进的技术，如区块链技术、物联网技术、云计算技术、移动互联技术、人工智能技术、大数据技术等；二是实现先进技术与管理会计工作实际的融合，结合不同的会计工作内容引进不同的先进技术；三是管理会计人员既要掌握最为先进的技术，又要时刻关注在应用新技术过程中出现的新问题，探索运用新技术解决新问题的方法，保证系统的先进性。

第四，可行性原则。在大数据驱动管理会计数智化转型的过程中，企业管理会计需要落实可行性原则，结合企业的实际资金要求和会计管理工作实际，在工作中合理运用各种系统以及各种先进技术，实现管理会计工作效益的最大化。

（四）内容

大数据驱动管理会计数智化转型，主要包括管理会计模式的建设和智能平台的搭建，涉及的主要内容有四项，即设计制度、规划组织、设计平台、设计流程。在管理会计模式建设方面，通过重新设计财务组织架构，实现职责的重新划分、管理方式的重新选择、财务人员的转型提升以及财务岗位职责的重新界定，借助大数据技术进一步为智能平台的搭建以及有针对性的制度的构建提供切实保障。在智能平台搭建方面，企业的相关负责人以梳理和优化业务流程为切入口，以智能平台搭建为落脚点，以数据驱动管理、管理规范业务、业务驱动财务为平台设计的核心目标，进行智能平台的搭建。

三、管理会计数智化转型建设思路

（一）建设基础

建设基础主要由数据基础平台、企业内部管理平台和外部交易管控平台三部分组成。

1. 数据基础平台

数据基础平台主要是收集、交换各种平台（如业务经营管理平台、智能财务共享平台、大数据分析应用平台）之间的数据，包括主数据、基础数据、业务数据、管理数据、财务数据、行业数据、经济数据、环境数据等。

2. 企业内部管理平台

企业内部管理平台涉及三个子平台，分别是业务经营管理平台、智能财务共享平台、大数据分析应用平台。

（1）三个平台之间的数据交换。

三个平台之间存在相互交换数据的情况：智能财务共享平台向业务经营管理平台发送财务管理要求、财务处理状态结果；业务经营管理平台向智能财务共享平台发送业务数据和管理数据；大数据分析应用平台一方面向智能财务共享平台发送分析整合后的财务管理数据或报表，另一方面向业务经营管理平台发送分析整合后的生产经营管理数据或报表。

（2）三个平台各自的功能。

①业务经营管理平台。业务经营管理平台主要负责人力资源管理、费用报销管理、项目管理、采购管理、生产管理和经营管理。

②智能财务共享平台。智能财务共享平台由智能财务会计共享平台和智能管理会计共享平台组成，这两个平台共同负责资金管理、资产管理和税务管理。两个平台各自的功能如下：智能财务会计共享平台负责财务会计报告的制作和会计核算；智能管理会计共享平台主要负责管理会计报告的制作、经营绩效管理、投资管理、成本管理以及全面预算管理。

③大数据分析应用平台。大数据分析应用平台主要有两大功能：第一，综合性功能，主要包括制作报表报告、开展风险预警、进行预判预测、实现灵活查询等。第二，数据分析功能，主要包括采集和分析管理数据、业务数据、财务数据、风险数据。此外，平台还可以对数据进行可视化展现。

3. 外部交易管控平台

外部交易管控平台由总公司管控平台和第三方交易平台两部分构成。总公司管控平台主要负责资产管控、资金管控、预算管控、核算管控；第三方交易平台主要由签名认证系统、发票服务系统、商旅系统和银行系统四部分构成。

外部交易管控平台与其他平台的数据交换：总公司管控平台可以向企业内部管理平台传送数据，如报告要求数据、管控要求数据、绩效指标数据、行业数据等，企业内部管理平台也可向总公司管控平台传送企业数据。第三方交易平台可以与企业内部管理平台实现资金状态数据、业务状态数据、业务单据数据等方面的数据交换。

（二）建设逻辑

1. 业务驱动财务

业务驱动财务主要是指各项业务活动通过大数据驱动的方式实现财务会计记账。企业通过对业务系统进行数智化转型，如加入电子化附件、数字化表单，并与业财一体化系统进行有效对接，让生产经营业务直接驱动财务会计工作。其具体过程如下：首先，人机联合实现智能会计稽核；其次，根据稽核结果，生成准确无误的证账表；最后，经过协同合作，半自动化生成财务分析报告，自动形成标准的电子会计档案。

2. 管理规范业务

管理规范业务是通过设定相应的生产经营业务规范和标准实现的。具体而言，企业通过从业财管一体化系统的对接和业务系统改造提升两方面切入，制定相应的生产经营业务规范和标准，通过资金计划、业务预算、财务管控标准、生产经营管理规则等，实现对业务操作流程的规范。

3. 数据驱动管理

数据驱动管理主要是指企业依靠大数据技术，实现对经济发展趋势的洞察，达到促进各项管理水平提升的目的。在实际的数据驱动管理的实现过程中，企业需要构建大数据基础平台，研发大数据分析应用平台。让这两个平台在深入收集、整理和分析数据的过程中，构建相应的数据模型，发现生产经营管理规律和财务管理规律，并将发现的规律运用于对业财发展趋势的预测中，通过提前制订财务管理方案以及业务经营方案的方式，实现对业务管理水平和财务管理水平的提升。

（三）建设理念

1. 大共享理念

大共享理念主要表现在财务工作的大共享上，既包括财务会计工作内容的共享，如财务会计报告、会计核算，又包括业务管理工作的共享，如采购管理数据、生产管理数据、经营管理数据，还包括管理会计内容的共享，如管理会计报告、绩效管理、投资管理、成本管理、预算管理等，是包含财务数据、业务数据以及管理会计数据在内的企业数据的大共享。

2. 大集成理念

大集成理念体现在将企业中一些孤立、分散的元素和事物集中在一起并产生联系，由此构成一个有机的整体。管理会计数智化建设的总体架构主要包含三个平台，即数据基础平台、外部交易管控平台和企业内部管理平台。三个平台之间实现对接，可以进行数据的有效传送，使三个平台相互联系起来，充分体现系统的大集成理念。

3. 大数据理念

大数据理念主要表现在数据内容的数量和类型方面。数据基础平台包含的数据有各种主数据、业财数据、环境数据、经济数据和行业数据等。企业内部管理平台的数据主要包括业务数据（如项目管理数据、经营管理数据、采购数据）和财务数据（如全面预算管理数据、经营绩效管理数据、管理会计报告数据等）。外部交易管控平台涉及的数据有行业数据、业务单据数据、业务状态数据等。以上三个平台的数据数量庞大，数据类型多样，所以在管理会计智能化建设过程中必须树立大数据理念。

4. 大管理理念

大管理理念的形成是基于大共享理念、大集成理念、大数据理念的。在实际管理会计转型中，企业要从整体上把握管理会计建设方向，强化过程控制、服务业务经营、规范业务管理、落实辅助决策、支持实现财务价值增值，最大限度地将管理会计数据应用于企业管理的方方面面，充分贯彻大管理理念，落实好企业战略规划。

（四）建设框架

1. 基本框架

管理会计数智化转型建设的基本框架由管理会计总体应用框架和管理会计框架两部分构成，这两部分是实现大数据驱动管理会计数智化转型的重中之重。

（1）管理会计总体应用框架。

①核心内容。总体应用框架由两个平台以及平台涉及的五类业务构成。两个平台是智能管理平台和财务共享运营管理平台。两个平台涉及的五类业务包括会计档案管理、税务会计、资金结算、财务会计报表、会计核算。

②对接内容。总体应用框架平台的对接内容主要包括内部系统和外部系统。内部系统主要涉及的是业务性质的系统，即人力资源系统、资产管理系统、费用报销管理系统、项目管理系统、采购管理系统、生产管理系统以及经营管理系统。外部系统主要是管理会计构架平台中的外部交易管控平台包含的系统，如商旅系统、发票服务系统、金税三期系统、银行系统、总公司核算管控系统等。

③智能场景。智能场景主要是通过“大智移云物区”（包括大数据、人工智能、移动互联、云计算、物联网、区块链技术）等新技术，实现智能化场景的构建。

④内部内容。总体应用框架平台的内部内容主要是各种数据的传输，体现在两方面：一方面是总体应用框架内部系统数据的传输，另一方面是总体应用框架平台外部数据传输。这两方面均促进数据传输的高效化，为各种决策的作出提供良好数据支持。

（2）管理会计框架。

管理会计框架包含四个方面的内容，如图 3-6 所示。

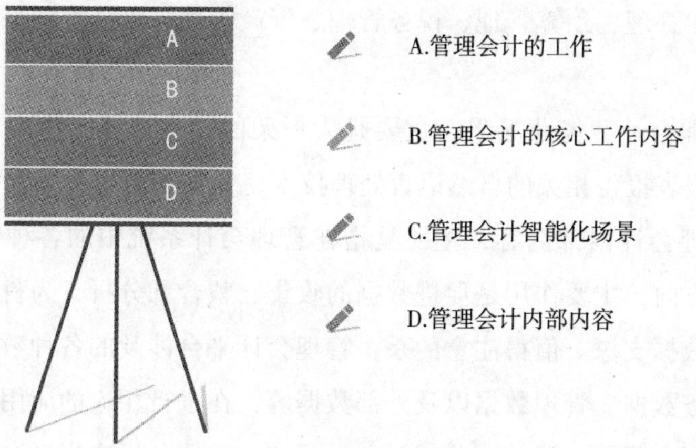

图 3-6　管理会计框架

①管理会计的工作。

a. 战略管理，主要是进行经济趋势预测，对该行业发展趋势进行预测分析，对企业年度目标、季度目标等进行制定。

b. 预算管理，主要包括预算调整、预算编制、预算执行控制、预算目标等内容。

c. 成本管理，主要是成本管控建议、实际定额对比、成本定额管理以及成本目标制定。

d. 营运管理，主要是指税务管理、资产管理、资金管理、采购管理、项目管理等。

e. 投资管理，主要包括投资程序、投资计划、实施计划以及投资项目管理等内容。

f. 绩效管理，主要包括绩效考核与奖惩、绩效改进建议、绩效实现检测、绩效计划制订、绩效目标分解等。

g. 风险管理，主要包括风险应对、风险评估和风险识别。企业面临的主要风险是战略风险和运营风险。

管理会计活动形成的管理会计报告类型有灵活定制报告、固定格式报告。管理会计报告的分析对象是成本分析报告、运营分析报告、预算分析报告、绩效分析报告和绩效评估报告。

②管理会计的核心工作内容，主要包括管理会计报告、绩效管理、投资

管理、成本管理、预算管理、税务管理、资产管理、资金管理等八项核心工作内容。

③管理会计智能化场景，主要是大框架的“大智移云物区”五项新技术，如与报表报告相关的自然语言处理技术、知识图谱技术等。

④管理会计内部内容，主要是指在管理会计系统中的各种数据以及数据的流动方向，主要作用是促进数据的收集、整合和分析，为科学决策提供强有力的数据支撑。值得注意的是，管理会计平台涉及的各种数据，如业务数据、财务数据、管理数据以及外部数据等，在进行相应的应用时，即进行综合性预测、预警、评估、分析时，需要在大数据分析应用平台中统一进行处理。

2. 总框架平台的搭建要点

在此框架的构建中，下面分别以智能财务会计共享平台、智能管理会计共享平台和大数据分析应用平台三个平台构建的核心构建逻辑、建设目标、建设重点为切入点进行介绍。

（1）智能财务会计共享平台。智能财务会计共享平台的核心构建逻辑是业务驱动财务；建设的基本目标包括四个方面，即会计档案管理电子化自动化、税务计算申报自动化、资金结算集中化自动化、会计核算标准化自动化；重点建设工作主要是实现各种梳理工作的自动化，如制度文件、岗位职责、信息系统、数据标准、智能场景、业务流程、表单附件。

（2）智能管理会计共享平台。智能管理会计共享平台的核心构建逻辑是通过管理的方式规范业务。其建设目标主要包括五项内容：税务风险检测智能化、项目管理标准化过程化、成本归集计算自动化、预算控制前置化自动化、预算编制分析自动化。其重点工作是实现对制度文件、岗位职责、智能场景、数据标准的梳理。

（3）大数据分析应用平台。大数据分析应用平台的核心构建逻辑是通过数据实现管理。其建设目标包括如下内容：风险预警实时化可视化、方案模拟准确化多样化、预测预判准确化及时化、灵活查询可用化易用化、报表报告交互化实时化。其建设的重点是实现对制度文件、岗位职责、模型算法、智能场景、数据标准的梳理。大数据分析应用平台主要包括四项内容。

第一，大数据分析应用平台的定位。主要是对数据的采集、存储、计算以及建模。

第二，大数据分析应用平台的核心工作。首先，进行各类数据的分析和画像分析，如供应商精准画像、消费人群精准画像等。其次，开展基于数据的四种核心工作。第一种，预测工作，主要包括预测经济趋势、行业发展趋势等；第二种，决策工作，包括纳税方案、理财方案以及投资方案；第三种，预警工作，包括战略风险预警、投资风险预警、税务风险预警、流动性风险预警、运营风险预警等；第四种，考核工作，主要包括绩效评估和激励评估。

第三，大数据分析应用平台的智能化场景。主要用于对经营过程中产生的各种业务进行模拟、预测、预警、评估、分析，并以模型、报表以及报告的形式进行可视化展示。

第四，大数据分析应用平台的内容，主要是对各种数据进行分析。

（五）建设重点

1. 梳理业务流程

梳理业务流程的主要步骤如下。

首先，梳理现有业务流程。在此步骤中，企业可以从两方面入手。一方面，企业需要了解现阶段业务流程的合理之处，并保留此部分；另一方面，企业有必要通过与多个部门工作人员沟通，了解业务流程的不合理之处。

其次，优化现有流程。在此步骤中，企业主要从两方面着力。一是解决现有流程中的问题，优化流程。二是引入新的技术，如结合企业业务发展需要，引入“大智移云物区”，打造共享模式下的业务流程，推出智能化场景，不断对现有的业务流程进行优化。

最后，兼顾整体和部分。就整体来说，企业可以综合运用业财融合一体化流程图和流程矩阵，展现自顶层向下划分层级的企业业务流程全景图。就部分来说，企业以表单附件为业务流程的载体，开展表单附件的梳理，促进业务流程的完善。

2. 梳理表单附件

梳理表单附件的作用：第一，提供依据。梳理表单附件有利于为信息系统改造提供数据梳理依据。第二，工作智能化。企业通过对表单附件进行有针对性的梳理，可以有效实现表单附件的数字化、电子化和标准化，提高工作的智能化程度。第三，实现业务驱动财务。为了实现业务驱动财务，促进核算自动化，企业可以从业务细类和业务大类两个角度切入，着重分析开展业务活动过程中的会计核算表单附件，如表单编码、表单名称、表单样式、表单数据项、数据属性，以及与表单对应的附件编码、附件名称、附件内容、附件样式、附件排序等。总之，细化数据分析，能够为实现业务驱动财务，促进核算自动化提供数据支撑。

3. 梳理数据标准

为实现系统数据对接，企业可以梳理数据标准，促进数据在各个系统之间的高效传输。从实际情况来说，企业在梳理数据标准的过程中需要遵循一数多用、数存一处、数出一门的原则，从底层业务流程节点表单入手，立足于现阶段面向未来，以内部管理报表为切入点，着重从合并同类数据项入手，对数据的关键属性的标准进行确定，如数据的参考来源、使用维度、含义和名称等。

4. 梳理信息系统

为了实现电子会计档案归集的自动化、财务处理的自动化、文件附件的数字化，企业有必要从梳理信息系统入手，注重智能财务系统的构建。在具体实施方面，企业可以从如下两个角度着力：第一，引进全新的信息系统，如电子会计档案管理系统、财务共享运营管理平台。第二，优化现有信息系统。企业可以从管理系统、财务系统以及业务系统出发，着力解决现阶段各个系统对接中存在的问题，实现对现有信息系统的优化。

5. 梳理模型算法

梳理模型算法的目的是通过数据驱动管理，为决策的制定和业务经营提供服务。基于此，企业可以借助多维数据模型对企业内部数据（如管理数据、财务数据、业务数据、基础数据）、外部数据（如环境数据、经济数据、行业数据）等进行分析，着重从典型业务场景入手进行数据挖掘和分析。

第四章　大数据驱动下企业战略管理的创新实践

第一节　企业战略管理会计的发展

一、企业战略管理会计的溯源

（一）论述战略管理会计的概念

现阶段，战略管理会计的概念仍处于探索和讨论阶段，下面对战略管理会计的概念进行两个不同层面的解读。

第一个层面是技术工具层面，战略管理会计的产生是基于企业所处的经济环境变化，是一种管理会计技术方法的变革。换言之，战略管理会计隶属于管理会计，是一种实现战略管理目标的创新性工具。

第二个层面是数据分析层面，战略管理会计主要职责是为所在组织提供整体性和长期性的数据支撑。首先，管理会计的视角开阔、内容丰富，既包括供不同的会计使用，即客户会计和竞争者会计，又包括对不同层面的控制，即对研究开发过程的控制和对组织间关系的控制。其次，管理会计战略性观念的转变。从国家层面观察，宏观经济变化引起管理会计在系统演变方面的发展，战略关系与管理会计系统之间存在内在联系。从微观层面而言，管理会计研究以价值链为基础。

（二）战略管理会计的产生背景

战略管理会计的产生是多个因素共同作用的结果：其一，受到市场环境变化的影响；其二，受到企业产销环境变化的影响；其三，受到企业管理环境变化的影响。

1. 市场环境的变化

随着国内外市场环境的日益复杂，企业之间的竞争日趋白热化，如何在激烈的竞争中获得有利地位，成为每个企业重点思考的问题。为了在市场竞争中获得主动权，企业深刻认识到产品价值实现的重要性远远大于价值的重要性。为了实现产品价值，企业开始将关注点放在多个业务环节上，尤其是在营销和研发环节上，以期满足消费者的个性化和多样化需求。市场环境的变化对企业经营理念产生了巨大的冲击，为企业战略管理会计的产生提供了外部环境条件。

2. 企业产销环境的变化

产销环境的变化主要体现在两个方面。第一，企业生产力水平的提升。在20世纪80年代，各大企业开始使用准时制和高级制造技术，不断提升自身的生产工艺，为企业组织生产方式的变化提供了强有力的技术支撑。第二，细分市场的产生。随着生产力和经济水平的提升，客户的消费心理开始由从众心理向个性化心理转变，这种状况进一步促进了各种细分市场的出现。针对上述两种变化，企业开始转变原有的经营方式，由以生产为主的经营方式向以消费为主的经营方式转变，并注重从市场调研入手，以调研的结果来指导产品的开发，实现生产和消费的有效对接。基于上述状况，企业需要具备掌握市场信息和了解企业生产优势的管理会计，这为战略管理会计的产生提供了企业内部环境条件。

3. 企业管理环境的变化

为了实现企业的长期发展，企业可以从内外部环境入手，立足本企业的发展优势，制定具有长期性、全局性的企业发展战略，这意味着企业管理进入战略管理时期。企业应意识到内外部环境具有瞬息万变的特性，所以需要制订具有弹性和灵活性的管理计划。与此同时，知识经济时代的到来进一步提升了企业对人力资源的重视程度，致使人本管理成为企业管理的关键。基于这些情况，企业需要顺应变化趋势，通过对上述变化进行评估和分析，及时调整企业发展战略。这要求企业拥有适应时代发展要求的管理工具。上述内容为战略管理会计的产生提供了企业管理环境。①

二、企业战略管理会计的新发展

（一）适应经济新常态

经济新常态是指经济结构对称态基础上的经济可持续发展、稳定增长。在经济新常态的背景下，经济发展主要有以下三项新内涵：一是经济增长动力由原先的投资驱动、资源驱动向创新驱动转变；二是经济结构呈现持续优化的态势，产业结构不断优化升级；三是经济增长速度由原先的高速增长向平稳增长转变。在上述经济新常态的影响下，管理会计人员可以从如下三个角度转变自己，从而适应新环境和新条件。首先，战略管理会计人员需要对本企业中的组织以及制度进行建设，尤其是建立适应新常态特点的制度，如在绩效机制中加大对创新方面的奖励力度，让企业真正落实创新驱动发展战略，并在各部门的创新中，优化整个企业内部结构，实现管理效益的最大化。其次，加强技术引进和管理创新。战略管理会计人员需要紧跟时代潮流，积极引进各种新技术以及会计管理工具，实现工作方式的全方位升级。最后，战略管理会计从业人员可以以工作方式为切入点，对整个管理方式进行优化升级，一方面将同质化严重的岗位进行合并；另一方面结合新的工作需要，设置新岗位，促进管理方式的创新。此外，管理会计从业人员可以将上述情况以报告的方式呈现，并积极参与上述措施的执行，在战略以及行动上为提高企业对经济新常态的适应性作出贡献。

① 周宝玉，徐瑾．大数据技术在企业战略管理中的应用研究 [J]．中文信息，2022（5）：107-109.

（二）“互联网 + 战略管理会计”

“互联网 +”是以互联网平台为基础，利用信息通信技术与各行业的跨界融合，推动产业转型升级，并不断创造出新产品、新业务与新模式，构建连接一切的新生态。在“互联网 +”模式下，战略管理会计着眼于企业所处的环境实时、动态的变化，分析这种变化对其经营目标可能产生的影响，将结构化、半结构化和非结构化的数据转换为可直接支持企业决策者作出决策的会计信息，让企业的经营决策变得更加科学。“互联网 + 战略管理会计”呈现出以下新的发展趋势。

“互联网 + 战略管理会计”使企业资源配置更加合理。在“互联网 +”模式下，战略管理会计可以最大限度地解决信息不对称问题，尤其是解决因为信息沟通不及时造成的各种资源浪费的问题。为达到这种目的，企业可以构建企业级数据系统，及时让各个部门汇报工作的进展状况，促进各个部门之间的有效沟通。以生产部门为例，生产部门可以提前通过网络实时更新生产数据。管理会计人员可以根据生产部门在不同时间节点的数据变化，制作生产数据模型或报告，并将结果反馈给采购部门的管理者，辅助管理者完成采购方案的拟订，在把握生产部门生产规律的基础上，促进原材料采购数量的合理化，最大限度地减少采购部门的原材料库存量，减少不必要资金占用情况发生，实现资金和生产原材料的合理配置。

“互联网 + 战略管理会计”促使管理会计对企业成本动因的分析更加理性。成本动因分析在企业成本控制过程中起着非常重要的作用，可以帮助企业最直接和有效地缩减成本、控制支出、增加利润、培育核心竞争力。一般来说，成本发生变动的原因不止一种，综合考虑多种成本动因，通常能更合理和更有效地降低企业成本。战略管理会计对成本动因分析的困难主要是很难精确定义每项价值活动的成本动因，但在“互联网 +”趋势下，战略管理会计可以将大部分企业经营活动信息上传至网站，实现三个“零”，即零占据空间、零时间消耗、零信息交换成本，并结合企业发展目标，对影响成本的信息进行有针对性的收集、甄别，为降低成本提供数据支持，增强企业市场竞争力。

“互联网+战略管理会计”促使管理会计对企业业绩的全面评价更加精准。企业战略管理会计对企业绩效进行综合评价时，可以从传统绩效指标出发。但现代绩效评价已不仅仅限于财务指标，非财务指标所占比例也开始变得很大。在“互联网+”趋势下，战略管理会计能够得到传统管理会计难以获得或者不能够得到的资料，如产品的客户满意度、企业业务流程的科学性等。这使得战略管理会计对企业绩效的综合评价更趋于理性，为企业人才培养及奖惩制度的完善提供了一种更加完善的考核机制。

“互联网+战略管理会计”使管理会计对企业的风险管理更加严格。战略管理会计能够从事前、事中、事后三个时段对企业进行风险管理，帮助企业最大限度地避免风险。随着全球化步伐不断加快，企业面临的风险变得更为复杂和多样，风险出现的可能性大大增加。在“互联网+”趋势下，企业内部各个部门之间的信息是公开、透明的。通过各个部门信息公开，各个部门可以了解上下游部门的生产状况，做好相应的预警，实现各个部门协同配合的高效的风险管理。同时，战略管理会计能够利用互联网全面了解市场环境，敏锐地发现市场环境变化，认识到发生风险的可能性及其后果，以便提前实施有效的风险防范措施。

“互联网+战略管理会计”使管理会计加强企业文化建设。在“互联网+”趋势下，企业文化建设与传播很容易受到社会环境的影响，给企业发展带来挑战的同时也带来了新的机遇。战略管理会计能明确企业发展方向，动态把握市场环境变化，结合企业所处的大环境，推动企业文化不断发展。

在未来市场环境中，战略管理会计在企业经营管理中将变得越来越重要，能够为企业发展提供强有力的支撑。

（三）战略管理会计智能化

智能技术的高速发展对战略管理会计人员提出了更高的要求，促使战略管理会计朝着智能化方向发展。战略管理会计智能化有两层含义：一是全面应用以“大智移云物”和区块链为代表的数字化技术；二是对传统战略管理会计模式，包括组织、流程和工作模式等进行全方位变革，使战略管理会计能够更好地推动企业发展。

与传统战略管理会计相比，智能化背景下的战略管理会计呈现出三个鲜明特点：一是深度融合内外部海量数据。在智能化背景下，战略管理会计将深度融合内外部数据，借助大数据、物联网等新一代信息技术，充分挖掘数据价值，为企业运营决策提供强有力的数据支撑。二是赋能企业业务发展。在智能化背景下，战略管理会计可以在销售、生产以及研发创新等方面发挥作用，直接赋能业务发展。三是更具有前瞻性。在价值创造视角下，预测的应用致力于解决问题，更加契合"向前看"的数据洞察趋势。传统战略管理会计主要是感知未来的数据应用，而智能化管理趋势下的战略管理会计则更加重视预测未来的数据应用。

面对战略管理会计智能化发展趋势，战略管理会计人员需要不断提高自身能力，以适应企业的需求。第一，战略管理会计人员需要有较强的环境适应能力；第二，战略管理会计人员需要有影响和改变环境的能力；第三，战略管理会计人员需要具备及时发现内外部环境的变化，以及针对这些变化做出应对的能力；第四，战略管理会计人员需要从行业视角考虑整个行业发展变化情况，为企业发展战略的制定提供依据，让企业可以持续走在行业前列。第五，战略管理会计人员需要深入研究智能管理的两种基本理论，即复杂性理论和异质性理论，需要充分认识到管理对象的复杂性和异质性，并结合管理对象的特征，合理进行相应的系统配置，实现管理效益的最大化。具体来说，就是在管理复杂系统的过程中，战略管理会计人员一方面需要具有多样的处理系统，另一方面需要选择合理的能应对内外部复杂环境变化的方案。

第二节 大数据重塑企业战略管理会计流程

一、大数据重塑战略管理会计流程的必要性

随着经济的不断发展，我国企业管理已经进入战略管理时代，科学制定企业战略是企业现在和未来得以在市场上立足的关键。在大数据的影响下，

战略管理会计人员既要注重为企业内部经营管理服务，采用多种信息技术手段，为企业战略制定提供全方位的内部数据支持，又要借助大数据技术开展外部数据采集工作，如采集经济数据、行业数据、企业数据等，为企业战略制定提供丰富的外部数据，真正使企业在竞争中处于有利地位，推动企业未来健康、持续发展。

（一）解决死锁问题

运用大数据对战略管理会计流程进行再造，可以在一定程度上解决企业管理过程中的死锁问题。在具体的落实上，战略管理会计人员需要将各个部门的管理者以及关键员工纳入流程再构，从实际的价值链入手，解决企业管理过程中出现的具体问题，如运行成本问题、转换成本问题，有效地解决企业战略制定中的死锁问题。

（二）解决决策随意性大、短视化问题

在大数据背景下，战略管理会计以务实的精神，着眼于现实的现金流量，以此反映企业投资的实际业绩，为企业持续发展提供有用的信息，能够克服传统战略管理会计所存在的决策随意性大、短视化的问题，以战略的眼光，提供全局性的、与决策相关的有用信息，这是思维的转换带来了视野的转变。在具体的落实上，战略管理会计人员在协助企业管理者制定战略的过程中，需要对本企业进行立体分析，既要了解本企业的优势，又要了解本企业的不足，并结合企业实际情况，协助企业管理者制定正确的战略，灵活采用激进方式或温和方式，最终促进问题的解决，促进企业经济效益的提升。

二、大数据重塑战略管理会计流程的作用

（一）成本核算精准化

为了实现企业目标中的利润最大化和股东价值最大化，战略管理会计人员需要真正认识到准确计算企业生产成本的重要性，及其对企业战略决策制定的重要作用。战略管理会计人员可以从如下三个方面着手，实现成本核算精准化。

1. 基于物联网技术的大数据应用推动成本核算精准化

基于物联网技术的大数据应用对成本核算精准化的推动作用主要表现在三个方面。首先，实现大型数据库共享。战略管理会计人员为了提高成本核算的精准性，可以在综合考量企业经济实力的基础上构建大型共享数据库，着重从财务数据、业务数据等内部数据入手，进行各种成本的核算，如采购成本、资产成本、原材料成本等，提升成本核算的精准性。其次，实施多维数据支撑机制。在构建大型共享数据库过程中，战略管理会计人员需要签署大数据通信协议，让各个部门在签署相应协议的过程中，灵活收集企业相应的数据，即通过从不同层面准确收集数据，实现更为精准的核算。最后，提高战略管理会计人员的专业水平，促进成本核算的精准化。战略管理会计人员需要适应大数据的发展趋势，学习各种新型管理会计系统操作方式、方法，及时收集各部门财务数据、业务数据，真正在全面收集数据的基础上，对相应数据进行立体性的整理和分析，完成对数据的精准核算。

2. 基于大数据技术实现对多种数据的整合，提高成本核算精准性

战略管理会计人员可以运用大数据技术，实现对多种类型的数据的整合，如半结构化数据、非结构化数据、结构化数据等，可以在最短时间内精准收集数据，实现更为精准的财务核算。

3. 以企业资源管理计划为手段，提高财务数据收集准确率

（1）企业资源管理计划是为了实现企业资源最优化配置，应用信息技术对整个企业资源进行一体化管理，是一种可以跨地区、跨部门整合实时信息的企业管理信息系统。

（2）企业资源管理计划的优点。企业资源管理计划有如下四个优点：第一，具有系统运行集成化优势，能够实现跨部门数据传输利用；第二，流程合理，即各个部门可以将优化后的流程“移植”到该系统中；第三，实现动态化的绩效监控，该系统中的绩效系统部分可以及时发现、纠正管理存在的问题；第四，能持续改善管理，该系统可根据各部门系统的实际

应用习惯以及部门内容特点，实现对各部门系统的优化，提高系统使用的效率。

（3）企业资源管理计划在实现核算精准化方面的作用。企业资源管理计划主要包括三部分内容，即生产控制（包括计划、制造）、物流管理（包括库存、采购、分销）、财务管理（包括财务管理、会计核算），战略管理会计人员可以借助企业资源管理计划实现各类数据之间的对接。例如，战略管理会计可以实现与业务采购数据和对应财务数据的对接，进行数据核对，提高核算的精准性。

（二）发掘数据价值

随着我国商业竞争激烈程度的加剧，各企业更注重抓住商机。在实际的企业运营过程中，战略管理会计人员可以通过大量的数据分析找到商机。基于此，战略管理会计人员需要运用大数据技术，实现对能够产生价值的数据的收集与加工。具体而言，战略管理会计人员可以从企业内部和市场空白两方面入手。在企业内部方面，战略管理会计人员可以收集各个环节的数据，如采购数据、生产数据、销售数据等，及时发现问题，与对应的部门沟通，进行相应管理策略的制定，最大限度地降低企业在各环节的成本，在实现核算精准化的同时，最大限度发挥数据的价值。在市场空白方面，战略管理会计人员可以有针对性地收集同行业企业的数据和行业数据，了解企业和行业的发展状况，深入挖掘数据资源，找到蓝海，结合这些数据进行新细分市场的开辟，提高数据的价值。

（三）合理量化非财务数据

在大数据驱动下，战略管理会计人员可以对非结构化数据进行分析，实现对非财务数据的量化。具体而言，战略管理会计人员通过移动互联网终端实现对各种数据的分析，如产品满意度、产品使用频率等结构化数据和半结构化数据，并通过分析关联数据进行数据价值的挖掘，从而实现对客户层面非财务数据的量化，获得更为丰富的数据信息，提高决策的有效性。

（四）拓展数据收集渠道

战略管理会计人员借助大数据技术，既可以收集供应商数据、采购数据以及客户关系数据等，又可以收集竞争者数据、潜在竞争者数据、生产替代产品的厂商数据等，构建全面的数据库，对竞争者、行业以及本企业进行立体化分析，为企业管理者提供必要的决策信息。

三、大数据重塑战略管理会计流程的数据基础

大数据重塑战略管理会计流程的数据基础可以根据价值链分为纵向价值链数据、横向价值链数据和内部价值链数据。

（一）纵向价值链数据

纵向价值链是从企业整体角度出发，始于材料投入，终于产品形成。因此，纵向价值链数据即企业商品整个生命周期中的各种数据，包括采购数据、生产数据、销售数据、售后服务数据、客户对产品的满意度数据等。借助纵向价值链数据，企业能够分析得出产品生产消耗的成本以及获得的利润，从利润角度出发重塑战略管理会计流程。

（二）横向价值链数据

任何一个企业都有属于自身的横向价值链，企业正是通过对比确定自身与竞争者之间的差距，来树立正确的战略目标。横向价值链数据即企业空间维度的产品数据，主要包括竞争对手的产品数据，如成本数据等。成本是盈利的核心要素。战略管理会计人员应重视产品成本数据，不仅要了解本企业的产品生产成本以及销售价格，还需要了解竞争对手的产品生产成本以及销售价格，更需要了解该产品在市场中的平均成本和对应的商品价格。如果竞争对手实力远远超过自身且成本较高，企业可选用低成本策略，发挥自己的优势，规避自身的不足，使成本优势得到提升。如果竞争对手综合实力不如自身，企业可借助差异化战略，将重心放在质量方面，为客户提供更加优质的服务，从而保持自身竞争力。总之，战略管理会计通过全面了解各项成本数据，可以了解本企业在整个行业中的生产力水平，制定能充分发挥本企业

成本竞争优势的企业战略，从而在未来的竞争中处于有利地位。

（三）内部价值链数据

企业内部价值链数据是指企业内部各职能部门、各流程环节，即企业内部各战略单元的价值链数据。例如，财务单元的价值链数据包括企业内部控制数据、企业会计数据等。战略管理会计人员通过收集、整合、分析企业内部价值链数据，能够为企业管理者制定决策提供数据支持。

四、大数据重塑战略管理会计流程的保障性措施

大数据驱动下战略管理会计流程重塑的关键点是企业上下游之间的价值链重塑，重塑的重中之重是中央数据库的重建。在实现战略管理会计流程重塑的过程中，战略管理会计人员需要为流程重塑以及价值链构建提供必要的保障。具体而言，可以从如下四点内容入手，构建保障机制（图 4-1）。

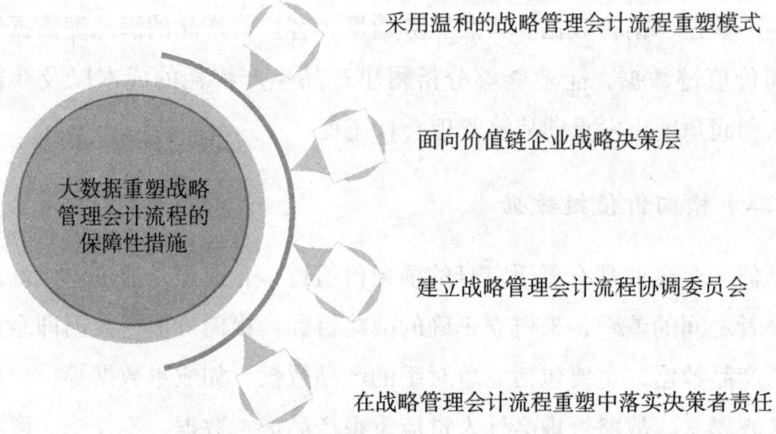

图 4-1　大数据重塑战略管理会计流程的保障性措施

（一）采用温和的战略管理会计流程重塑模式

战略管理会计流程重塑是一项整体性的工程，是对会计系统流程进行改造，主要涉及价值链上不同企业之间的人力、物力和财力，还会给某些企业造成一定的损失。基于这种情况，在进行战略管理会计流程重塑的过程中十分有必要采用温和的措施，坚决杜绝使用激进的方式，即结合不同的情形，

采用不同的战略管理会计流程重塑模式。在时机不成熟时，战略管理会计人员不应要求战略管理会计流程的大而全，而应采用局部性的流程塑造模式。以战略管理会计数据重塑为例，战略管理会计人员不应构建具有中央性质的数据库，而应该构建局部性的数据系统，并实现局部性会计数据的共享，即实现销售数据、预算数据等的共享。在时机成熟后，战略管理会计人员可以在更大范围内进行管理会计流程重塑。采用温和的战略管理会计流程重塑模式，可以最大限度地减少流程重塑的阻碍，如正式制度约束、非正式制度约束等，使战略管理会计流程重塑顺利进行。

（二）面向价值链企业战略决策层

战略管理会计流程重塑所涉及的内容丰富，主要包括成本手段、质量手段、周期手段和服务手段，要利用这些手段需要有效运用多种管理会计工具和方法，更需要构建面向客户的中央数据库。这对战略管理会计流程重塑提出了新的要求，即需要面向价值链中的企业战略决策层。以战略管理会计流程中的中央数据库为例，战略管理会计人员需要以向价值链中的企业战略决策层提供数据为建设方向，建立以客户为核心的中央数据库，为现有的价值链重塑以及企业战略决策制定提供数据支撑，增强战略管理会计流程重塑的实用性。

（三）建立战略管理会计流程协调委员会

企业在发展壮大的过程中，不是孤立存在的，需要与价值链中其他企业做好协调工作，实现价值链中企业之间资源传递的平顺性。因此，在重塑战略管理会计流程的过程中，有必要建立由价值链企业组成的协调委员会。该委员会的主要作用是，通过价值链中企业之间的相互协商，实现上下游企业之间人力、物力、财力的合理流转。在成立协调委员会时，各企业需要注意以下两点。

首先，明确目的。该委员会建立的目的是统一价值链中的企业的数据标准，实现各个企业之间的数据共享。此外，该委员会还需解决各企业间的会计信息的产权问题以及维护各企业共同建立的中央数据库，同时进一步推动战略管理会计流程的重塑。

其次，建立科学的运行机制。在建立中央数据库时，各个企业需要借助协调委员会，立足本企业实际，从整个价值链中的企业的整体利益着手，建立统一的数据标准，以达到一次数据输入、多次数据利用的目的。在建立统一的数据标准后，各个企业需要借助协调委员会，成立中央数据库维护小组，定期对该数据库进行维护，如构筑防盗墙、升级系统等，推动该数据库的有效运行。

（四）在战略管理会计流程重塑中落实决策者责任

战略管理会计流程重塑是一个大的工程，需要耗费大量的人力、物力、财力和时间。落实决策者责任，一方面可以宏观把握企业情况，充分调动各个企业的资源；另一方面可以减少在战略管理会计流程重塑中的阻力，还能真正让战略管理会计人员结合企业的现状以及行业发展趋势，有针对性地开展战略管理会计流程重塑，更好地为企业决策者提供数据支撑。基于此种目的，价值链中的各企业决策者需要参与战略管理会计流程重塑，并在本企业中筛选优秀的员工组成战略管理会计流程重塑小组，参与该流程重塑的整个过程，利用大数据技术形成流程重塑计划方案，真正将流程重塑落到实处。

五、大数据重塑战略管理会计流程计划方案的具体落实

在大数据背景下重塑战略管理会计流程时，战略管理会计人员需要借助卡普兰平衡计分卡和波特五力分析模型，将大数据引入其中，构建量化的战略决策。对于流程重塑计划方案的落实，下面主要从两个阶段进行探讨。

（一）第一阶段

1. 实现精准采购和营销，形成内部数据价值流

企业可以利用内部系统梳理数据，利用数据驱动管理，实现精准采购和营销。

具体而言，企业管理人员和战略管理会计人员可以构建内部系统，主要包括以客户关系管理系统为核心的销售系统、以供应商管理系统为核心的采

购系统、适时生产系统、企业内部资源管理系统。其中，适时生产系统的主要作用是连接销售系统和采购系统，适时汇总、分析两个系统中的数据，建构销售数量模型和采购数量模型，即通过让销售数据和采购数据互为参照的方式，实现精准的销售和采购。简而言之，采购系统可以以往年、当年已过月份的销售数量模型为依据，合理建立下一个月或是下一个季度的销售数量模型，并以此模型为依据，进行精准的数据采购。同样，销售系统可以借鉴采购系统中的往年以及当年已过月份的原材料数量，建立下一个月或下一个季度的原材料数量模型，并以这些模型为依据，准确预见下一个月或是下一个季度的销售量，制订相应的销售计划。企业内部资源管理系统主要是起到向上承接和向下传输的作用。在向上承接方面，收集、整合销售系统、采购系统以及适时生产系统中的各种数据，形成以人力资源数据流、物流数据流和资金数据流为主的企业内部数据流，然后借助大数据技术让数据流动起来，让“数据流”变成“价值流”，并汇总到第二阶段。

2. 支持外部决策，形成外部数据价值流

在外部决策的制定过程中，战略管理会计人员可以从构建客户关系管理系统、供应商管理系统以及企业外部数据价值流数据采集系统三个角度入手。

通过构建客户关系管理系统，战略管理会计人员可以了解企业各个生命周期中的潜在客户、新客户以及忠诚客户，并借助新技术，如区块链、云计算、移动互联、人工智能和大数据等技术，实现对本企业客户和市场客户的综合性分析，更科学地计算出本企业所做产品的市场容量。

构建供应商管理系统，战略管理会计人员可以通过系统中的供应商提供的原材料价格信息、竞争者在市场中的价格信息以及本企业实际的产品生产成本，合理推算出本企业在整个行业平均成本以及竞争企业产品成本的差异，明确本企业的综合生产效率定位。

通过构建企业外部数据价值流数据采集系统，战略管理会计人员可以对客户关系管理系统、供应商管理系统中的数据进行汇总，在此基础上形成企业外部数据价值流。外部数据价值流除了前面两个系统的数据外，还包括企业之外的数据，如宏观经济数据、行业形势数据、竞争对手数据等。企业管理者以及战略管理会计人员通过外部数据价值流采集系统的数据，可以更立体地分析企业实际处境、外部市场状况以及企业自身状况，真正做到知己知彼，科学制定企业发展战略，满足企业发展需要，适应未来经济发展趋势，在未来的市场竞争中处于优势地位。

（二）第二阶段

1. 通过数据挖掘处理，形成统一数据标准

在整合内部数据价值流和外部数据价值流过程中，战略会计管理人员可以以企业为核心，沿着企业产品价值链，与各个部门协商，统一数据标准。具体而言，战略管理会计人员可以运用多种数据挖掘和处理技术，如关联分析、决策树、模糊对比、数据统计、神经网络等手段，对数据进行整合，使结构化数据、非结构化数据以及半结构化数据等不同类型的财务数据和业务数据的标准统一，达到“一次输入，多次运用”的目的。总之，通过将各种数据转化成统一的标准的数据可以有效实现数据回流，即企业中的各个系统均可以收集和运用这种数据，实现数据价值的最大化。与此同时，这种数据还可以为量化战略决策提供必要的数据支撑。

2. 构建量化决策支持信息系统，推动管理层量化决策的制定

战略管理会计人员在构建量化决策支持信息系统时，可以以传统的平衡计分卡为基础，从企业文化支持、内部流程支持、市场支持、财务支持四个角度着手，充分运用标准化的数据，构建相应的数据模型、编制相应的报告等，为企业管理层决策的制定提供数据支持。

第三节　大数据驱动下企业战略管理会计的应用路径

在本节，我们以 K 公司为例，论述大数据驱动下企业战略管理会计的应用路径。

一、K 公司经营现状和竞争战略

（一）K 公司经营现状

K 公司的经营现状如下。

1.K 公司的基本情况

K 公司是较早从事电商的企业，涉及的商品品类较多，如箱包、图书、母婴、美妆、家电、服装等，能最大限度地满足消费者的日常生活需要，在众多的电商企业中脱颖而出。

K 公司的企业文化：合作共赢、真诚互信、用心沟通。K 公司在与产品价值链相关主体的合作过程中，坚守企业文化，真正与供应商、经销商、客户建立了良好的关系，促进了各项经济活动的有序开展。

2.K 公司的组织结构及管理模式

（1）K 公司的组织结构。K 公司设有董事会，董事长由股东和董事会联合投票选出。K 公司在董事长下设有总经理，总经理之下设副总经理。K 公司设有多个组织部门，分别是创新部门、销售部门、营销部门、平台部门、技术部门、客户售后部门、业务支持部门。

（2）K 公司的管理模式。K 公司的经营管理采用“倒三角”模式，将此“倒三角”由下到上分成四层。最底层为团队，团队是公司管理经营的基础，上面提到的各部门都是以团队为单位的。上一层是供应链系统，主要包括三大系统，分别是 IT 系统、物流系统、财务系统。供应链系统层有效支撑了公司的高效运转。此层的上一层是关键绩效指标（KPI）层，主要选取的指标是效率和成本，两者是衡量公司战略实施效果的重要标尺。最上面一层是用户体验层，主要由产品、服务、价格三部分构成，旨在向客户提供良好的购物体验，促进交易的高效达成。

（二）K 公司竞争战略

K 公司的竞争战略如下。

1. 价格战略

在价格战略的执行过程中，K 公司秉持低成本的原则，即通过多种措施，落实低成本原则，为客户提供物美价廉的商品，赢得消费者的青睐，使公司在市场上站稳脚跟。

该价格战略的实施主要从以下三个方面入手。首先，从商业模式角度来看，K 公司不需要付出实体店需付出的各种成本，如水电费、房租等，这有利于降低商品价格。其次，从供应链系统而言，K 公司打造的是高端的 IT 系统和物流系统，根据客户的需求，进行相应商品的采购、存储和运输，有利于提高库存周转率，有效降低运营成本，从而降低商品价格。此外，高库存周转率有利于实现与供应商的高效合作，促进供货商资金的有效流转，与供应商建立良好的合作关系，使供应商能够高效供货，减少不必要的沟通成本，进而有利于降低商品的价格。最后，从账期方面来看，K 公司的回款周期为 10 天左右，在让供应商及时收到相应货款的同时，实现了资金的良好利用，降低了资金停滞产生的各种成本，实现了资金的合理利用，在一定程度上降低了附加于商品上的价格。总之，K 公司从商业模式、供应链系统、账期等多个角度最大限度地降低了各个环节的成本，形成了具有成本优势的运营模式，为商品价格的降低创造了条件，将价格战略落到了实处。

2. 商品战略

K 公司的商品战略遵循以客户为中心的原则，主要体现在以客户需求为核心和以符合客户喜好为原则两方面。首先，最大限度地满足客户的消费需求。K公司为了满足消费者的多样化需求，实行全品类战略，网上商城品类齐全，包括洗护类商品、母婴类商品、数码类商品、服饰类商品等。为支撑全品类战略的实施，K公司采用精细化管理模式，及时补充已销售商品，积极拓展新商品品类，实现满足客户消费需求的目标。其次，以符合客户喜好为原则。公司通过大数据技术分析客户的喜好，及时提供客户喜欢的商品品类，实现商品销售的良性循环。综上所述，在制定商品战略时，K公司以客户为核心，促进商品的顺利销售。

3. 物流运输便捷化战略

K公司构建的是电商领域规模较大的物流基础设施，配备高度信息化的管理模式和升级化的物流仓库。面对日新月异的快速物流行业，K公司不断对仓库管理系统进行优化和升级，建立与之匹配的单体仓库，为实施物流运输便捷化战略提供了基础性保障。在具体的战略落实上，K公司着重从如下两点着手。

（1）仓库内部管理战略。在仓库内部管理战略实施方面，K公司采用模式化、弹性化的收货和出货方式，保证在具体的工序环节，如退货、拣货、配货、盘货、上架等，不出现“走弯路”的现象，最大程度上提升货物的流通效率。

（2）商品运输战略。在商品运输战略实施方面，K公司十分注重客户的消费体验，让客户了解商品的配送路线，并将这些路线记录在配送物流系统中。值得强调的是，这些配送路线是经过计算得到的最优路线。每个路线的配送终点均有相应的配送站和自提点，这些配送终点均分布在城市的小区中、乡村的交通发达区域，旨在增强客户快递拿取的便捷性。

简而言之，为了落实物流运输便捷化战略，K公司通过构建强大的物流运输系统，有效降低了商品在整个运输过程中的各种成本，为客户提供了高效便捷的运输服务。

4. 人力资源战略

公司人力资源战略的实施需要与公司管理模式相适应，发挥人力资源在供应链、KPI、用户体验等方面的积极作用。下面以K公司人力资源管理中的团队管理为例，介绍团队管理与公司“倒三角”管理模式的关系如何促进公司人力资源战略的落地。

首先，从团队自身而言，具有极高忠诚度、敬业度和极强专业性的团队是公司制定战略、落实战略，并在市场竞争中获得胜利的核心要素。优质的团队能够推动供应链系统的完善、优化和升级，即充分利用物流系统、信息系统、财务系统，实现大数据的收集、整理和利用，为公司战略决策提供必要的数据支撑。

其次，从KPI的角度来说，K公司可以将KPI作为衡量公司团队发展情况的重要标尺，规范团队的行为，让整个公司的运营朝着低成本、高效率的方向发展。

最后，从消费者的角度而言，为了向消费者提供物美价廉的商品和全面的售后服务，K公司需要建立完善的管理制度，如奖惩制度、晋升制度等，提高员工的获得感。

总体而言，在人力资源管理方面，可以以团队管理为基本单位，实现与“倒三角”管理模式的有效融合，即以“倒三角”中的四层内容为重要指标，实现对团队管理的优化和升级，促进人力资源战略的有效实施。

二、战略管理会计在K公司的应用分析

（一）财务指标分析

下面分别对几种财务指标进行分析。

1. 营运能力分析

营运能力是整个财务分析的核心，决定着企业的偿债能力和获利能力。营运能力分析常用的指标有三个，分别为存货周转率、应收账款周转率、流动资产周转率。

在存货周转率方面，存货周转速度越快，则存货占用水平越低，货物的流动性越强，获利能力越强。以K公司为例，该公司存货周转率为每年10

次，即大约每 35 天周转 1 次，这个时间就是该公司从原料采购到商品销售的整个周期，而一般零售商存货周转天数为 56 天。这说明该公司的存货周转率较高，或称存货周转天数较短，公司具有较强的盈利能力和短期偿债能力。

在应收账款周转率方面，应收账款周转率越高，平均收账期越短，应收账款收回越快，资金运转越灵活。以 K 公司为例，该公司的应收账款周转率为每年 49.7 次，即该公司每周即可实现一次的应收账款周转。与京东集团年度应收账款周转率（在 2017 年到 2021 年分别为 9.0、9.1、9.9、11.2、12.4）相比，该公司的资金运转相对灵活。

在流动资产周转率方面，周转速度快，流动资产得到相对节约，公司盈利能力就会增强。流动资产周转率通常不会低于 2。以 K 公司为例，该公司的流动资产周转率为 4.76。这说明该公司流动资产周转率较高，所节约的资金较多，资金利用效率高。

总之，从上述数据可以看出,K 公司走的是低毛利、高周转率的经营路线。

2. 偿债能力分析

流动比率体现的是企业短期偿债能力。比率越高，说明该公司的企业资产变现能力越强，短期偿债能力越强。一般的企业流动比率应在 2 ：1 以上。K 公司的流动比率呈现逐年递减趋势，说明该公司的短期偿债能力以及公司资产变现能力相对较弱。

现金流量比率主要是表现企业在经营活动中产生的现金流量可以抵偿流动负债的程度。现金流的金额与负债金额的比值越大，企业的财务弹性越好。从数据上来看，在 2017 年，K 公司受到同行压力的影响，原材料出现求大于供的现象，供应商出现哄抬价格的状况，导致当时该公司的现金流量比率偏低。针对这种情况，K 公司针对供应商建立专门的收付款渠道，进行战略管理会计流程优化，从价值链的角度优化供应链，完善相应的支付系统，以及时向供应商提供相应的贷款。从 2018 年到 2019 年，K 公司现金流量比率得到明显提高，这也有利于构建稳定的供应商与公司的关系。

产权比率是指负债总额与所有者权益总额之间的比率，是评估资金结构合理性的重要指标。一般来说，产权比率一方面可以反映股东所持股权是否过多或不够充分等，另一方面可以表明企业借款经营的程度。产权比率越低，则表明企业自有资本占总资本的比例越大，长期还债能力越强。

资产负债率又称为举债经营比率，是衡量债权人提供资金进行经营活动的能力，是反映债权人贷款安全程度的指标。

2017年，K公司的资产负债率和产权比率不尽如人意，2018年局势好转，在资金回流能力和债权人投资方面均表现亮眼。

通过对K公司进行指标分析，可以得出该公司的偿债能力得到明显提升，这说明应用战略管理会计对提升该公司的综合能力是十分有效的。

3. 盈利能力分析

通过分析K公司利润表等相关报表，可以得出如下结论：在营业收入方面，在2019年，该公司的营业收入同比增长了25%。与之相对应的是，在该时期，K公司的成本费用增长了17%。营业收入增长率大于成本费用增长率，这是K公司在当年获得盈利的原因。在2018年，K公司在营业收入方面同比增长28%，成本费用却同比增长34%，即K公司出现亏损的状况。

通过对K公司2019年、2018年的成本费用进行分析，可以发现涨幅最低的是管理费用和销售费用。这说明K公司在运用资源进行公司管理。在销售费用中涨幅最高的是物流系统建设费用。K公司将物流系统建设作为整体战略布局的关键性一步，每一年消耗大量支出。虽然数据显示K公司的销售费用在提高，但是物流战略的优势得到更有效的发挥，即K公司的利润率在逐渐提高。这说明战略管理会计在落实物流运输便捷化战略方面发挥了明显的作用。

（二）经营环境分析

1. 外部环境分析

（1）社会因素。在电子商务市场中，人是关键性因素。截至2021年，我国是世界上人口最多的国家，也是网民最多的国家。从2015年年底到

2021年年底，我国网民规模从6.88亿增加到10.32亿。不断上升的网民数量为网络购物的发展提供了强有力的支撑。

（2）经济因素。电商新形态、新模式出现，如社区电商、直播电商、社交电商等。以产业发展为核心的产业新电商开始由数字化朝着智能化转变，多种新电商模式进行着相互交融式的发展。同时，新电商的应用场景不断丰富，销售、生产、流通等环节不断优化。

（3）技术因素。电子商务的发展离不开技术的支撑。技术因素主要是指基础性技术和新技术。基础性技术包括网络技术、Web浏览技术、安全技术、数据库技术、电子支付技术等，新技术主要是指现阶段快速发展的“大智移云物区”。这些技术为电子商务平台的搭建提供了良好技术支持。

2. 特定产业环境分析

波特五力分析模型对企业战略的制定具有重要影响，主要包括五方面的内容，分别为供方的议价能力、买方的议价能力、潜在进入者的进入能力、替代品的替代能力、行业内竞争对手的竞争能力。下面从战略及其在K公司中的应用两个方面进行分析。

（1）波特提出的三种战略。波特认为，企业的盈利能力主要由潜在进入者的进入能力、买方的议价能力、供方的议价能力、替代品的替代能力、行业内竞争对手的竞争能力这五大力量决定，不同企业面临的竞争强度不同，潜在的获利能力不同。企业在与五种竞争力量抗争时，面临着三种战略选择。这三种战略选择分别是成本领先战略、差异化战略与集中战略。

①成本领先战略。成本领先战略是指企业为了在同行业企业中保持竞争力，将各个环节的成本进行压缩，实施低价战略，让本企业在同行业企业中更具有竞争力。在实施成本领先战略的过程中，企业需要分析五种力量。

第一种力量，潜在进入者的进入能力。成本领先战略的实施，可以最大限度地杀价，以消除潜在进入者的进入威胁。

第二种力量，买方的议价能力。通过实施成本领先战略，企业可以将产品以更低的售价卖给大买家。

第三种力量，供方的议价能力。通过实施成本领先战略，公司可以让供货商在供货中竞争，让其为了获利，降低供货的价格。

第四种力量，替代品的替代能力。成本领先战略的实施有利于进一步降低产品的价格，达到抵御替代品威胁的目的。

第五种力量，行业内竞争对手的竞争能力。成本领先战略的实施可以让本企业在与竞争对手竞争的过程中获得价格优势。

②产品差异化战略。产品差异化战略是指企业管理人员以及战略管理会计人员为了获得竞争优势，让产品、服务等与竞争对手有明显区别的战略。

在实施产品差异化战略的过程中，企业对行业内五种力量的应对方式如下。

面对潜在进入者进入市场的威胁，企业管理人员以及战略管理会计人员需要从培养顾客忠诚度入手，打击潜在进入者的自信心。

面对买方在议价能力方面的威胁，企业管理人员以及战略管理会计人员在实施产品差异化战略过程中，提供具有特色的产品，使买家的选择范围相对较小，削弱买方的议价能力。

面对供方在议价能力方面的威胁，企业管理人员以及战略管理会计人员通过实施产品差异化战略可以将供货方涨价部分转移到产品的价格上。

面对替代品的威胁，企业管理人员以及战略管理会计人员可以通过实施产品差异化战略，使顾客习惯使用本企业的产品或享受本企业的服务，使其选择替代品的可能性相对较低，无形中提高本企业的竞争力。

面对行业内竞争对手的威胁，通过实施产品差异化战略，企业管理人员以及战略管理会计人员可以让顾客获得本企业独有的产品或享受本企业独有的服务，进而使竞争对手的产品和服务失去竞争力。

③集中战略。集中战略是指企业管理人员以及战略管理会计人员在战略制定的过程中将关注点集中在某一区域，如凸显本公司竞争优势的领域，即锁定某个消费群体、特定行业等，并在短时间内集中本企业的优势资源，进行某项产品的大规模生产，达到短时间内拓展市场、提高产品影响力的目的。值得注意的是，战略管理会计人员在实施集中战略的过程中应注意到，过于集中在某一区域，会使企业抵抗风险的能力降低。

实施集中战略对五种力量的影响如下。

对于潜在进入者的进入能力，企业管理人员以及战略管理会计人员通过运用集中战略可以构建企业生产某项产品的核心能力，有效消除潜在进入者带来的威胁。

对于买方的议价能力，企业管理人员以及战略管理会计人员在实施集中战略过程中只生产某一领域产品，导致买方的可选择性低，进而让买方丧失商品价格的谈判能力。

对于供方的议价能力，因为企业管理人员以及战略管理会计人员在大范围集中向供货方购进某一原料，所以在购买原料的过程中，该企业管理人员以及战略管理会计人员可以让供货方降低原料的价格。

对于替代品的替代能力，企业管理人员及战略管理会计人员通过实施集中战略可以生产出具有特色的产品，在一定程度上可以消除替代品带来的威胁。

对于行业内竞争对手的竞争能力，企业管理人员以及战略管理会计人员实施集中策略的目的是通过大量生产某类产品，迅速占领市场，让竞争对手无法在短时间内满足顾客的差异化需求。

（2）波特五力分析模型在 K 公司中的应用。在公司战略拟定过程中，K 公司管理人员以及战略管理会计人员可以运用波特五力模型，以此模型中提出的五种竞争力量为依据，结合公司的实际进行分析，制定相应的战略。

①行业内竞争对手的竞争能力。在电商企业中，同行业竞争者不容小觑。K 公司在发展过程中，一方面需要了解同行业竞争者类型以及综合竞争能力，分析本公司在整个行业中所处的位置与水平，为制定公司发展战略提供必要的行业数据支撑；另一方面需要通过了解同行业竞争者的状况，各个竞争者的优势、劣势，分析自身在行业中针对的主要消费群体，并以此作为本公司制定公司战略的重要依据，在制定公司战略的过程中发挥本公司的优势，在未来的市场竞争中取得有利地位，促进公司盈利水平的提高。具体而言，K 公司主要分析如图 4-2 所示的五种竞争对手。

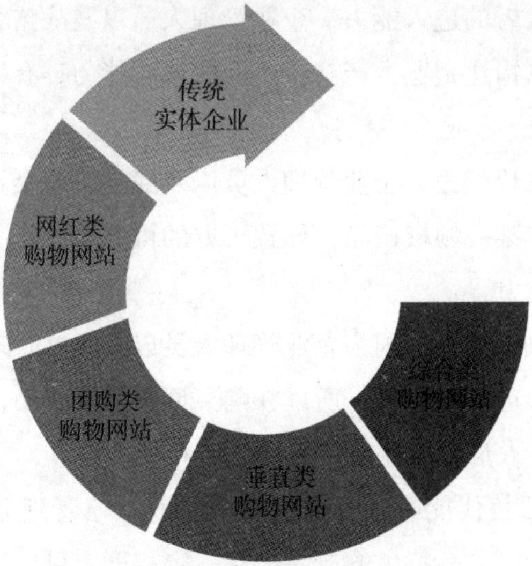

图 4-2　五种竞争对手

第一种，综合类购物网站。这类购物网站有三个特点：一是商品种类多，二是价格偏低，三是商品的复购率较高。值得注意的是，这种类型的网站在商品成本方面比 K 公司更具有优势，是 K 公司不可忽视的竞争对手。

第二种，垂直类购物网站。这类购物网站最主要的特点是打造自己的专属品牌，并在某一类特定商品上深耕。这类商品具有较强的专业性，也具有精准的目标用户群体定位。这类购物网站是影响 K 公司商品品类拓展的重要因素之一。

第三种，团购类购物网站。这类购物网站主要是销售价格低廉的商品，并以团购的方式销售商品，在电子商务网站中占有一定的市场份额。

第四种，网红类购物网站。这类购物网站在消费者中具有较大的影响力。网红可以发挥自身的优势，提高商品的曝光量，以自身的人格魅力带动一部分商品的销售。网红类购物网站也是 K 公司不容小觑的竞争对手，对 K 公司电商的发展具有一定的启示性。

第五种，传统实体企业。传统实体企业主要是指百货商店、卖场等。实体企业的优势在于可以让消费者切切实实地触摸到商品，消费者可以在导购员的建议下，选择自己满意的商品，有利于商品销售量的提升。传统实体企业对 K 公司的市场发展具有一定的影响。

②潜在进入者的进入能力。潜在进入者产生的原因有两个：其一，政策支持。受到国家政策的支持。其二，享受网络红利。部分潜在进入者为了充分享受网络的红利，借助网络通过多种方式销售商品，如直播带货等，在电商市场中迅速获得有利地位。

常见的潜在进入者包括跨境电商企业、业界知名的企业等。这些潜在进入者具有自身的优势，如知名企业拥有庞大的客户群，有较强的财力、物力等，但这些企业也需要进行战略调整，以在网购市场中站稳脚跟，并获得有利地位。

③替代品的替代能力。网络销售的最大替代者是线下销售。与网络销售相比，线下销售具有如下优势：第一，直接购物。消费者可以直接到商场中购物，免去在网络上反复挑选的环节。第二，风险较低。消费者可以直接挑选对比相应的商品，对于商品的属性可以有一个全方位的认知，避免出现网络购物中可能出现的图片与实物相差过大的状况，有利于降低购物风险。与此同时，在面临纠纷时，消费者可以直接去商场找负责人解决问题，将购物的风险降到最低。第三，节约成本。在进行购物的过程中，消费者在购买到不满意的商品时，有时候需要支付相应的运费，这在无形中会提高消费成本。在进行替代品替代威胁的分析过程中，K 公司需要针对相应问题进行具体分析。

④买方的议价能力。购买者讨价还价的能力主要受到三个因素的影响。首先，商家数量。网上的商家数量相对较多，消费者可以有更大的选择空间去选择物美价廉的商品。其次，购物数量。消费者购物数量相对较大时，具有与电商网站讨价还价的能力。最后，上游价格。上游价格主要是指供应商向电商供货的价格。假如供应商提供的价格相对较高，则会影响电商对商品的标价，这在一定程度上会影响购买者议价的结果，继而对消费者的议价能力造成隐性影响。

⑤供方的议价能力。K 公司是整个电商行业具有影响力的企业之一，可以吸引优质的供应商。供应商为了在 K 公司的网站页面的排名中排在前几位，需要提供物美价廉的商品，通过提高销售量的方式在网站页面上获得相对靠前的位置。这在一定程度上使供应商通过降低商品价格的方式，获得与 K 公司的议价能力。

（三）价值链分析

1. 价值链的形成和增值

价值链分为虚拟价值链和实体价值链两种。虚拟价值链是构建消费者由购买到消费，再到后续服务的一系列消费数据流。以实际购物为例，消费者在网上购物的过程中，需要通过输入关键词、浏览网页的方式进行购物。在此过程中，电商企业可以运用大数据技术分析消费者的购物数据信息，了解消费者具体的消费喜好，如注重价格、外观、品牌等，为消费者提供对应的商品，并记录消费者的购买数据。在此之后，电商企业同样需要根据大数据定期对消费者进行网络回访，了解消费者的商品使用状况，并有针对性地提供后续的服务，将这些服务数据进行整理，纳入虚拟价值链中。实体价值链主要是指线下服务。为了推动电子商务活动的开展，电商企业需要提供线下服务，如邮递商品、安装商品、提供维修服务等。实体价值链既是线上服务的延伸，又能为价值链增值，实现服务的延伸，通过线下服务创造品牌价值，获得盈利，达到为价值链增值的目的。

2. 价值链管理

（1）库存管理。K公司战略管理会计人员以大数据技术为手段，分析历史订单数据、客户数据等，实现对未来一段时间内产品销售数量的预测，并运用大数据的自动化库存管理模式实现自动运输、高效检验、自动存货。

（2）网络销售。网络销售模式是指公司通过拓展或是削减销售渠道的方式，达到降低企业生产经营成本和提高商品流通速度的目的。具体而言，K公司战略管理会计人员可以通过微信、门户网站进行引流，即在微信端或是门户网站端打广告，进行内容的精准广告推送，如在阅读类的微信公众号中推送购买图书广告，实现网络精准营销。

（3）专业物流配送。专业物流配送是连接电商和客户的纽带，具有双重作用：一是推动物流发展，二是完善企业价值链。K公司意识到发展专业物流配送的重要性，并将大部分管理费用用于打造公司独有的物流体系。一方面为消费者提供更为便捷的配送服务和售后服务，提高客户的忠诚度；另一方面促进整个价值链的优化，提高公司的核心竞争力。总之，通过构建专业物流配送体系，K公司战略管理会计人员可以将虚拟价值链和实体价值链融合，实现虚拟数据和实体数据的有效整合与运用，提高整个价值链的综合价值。

（4）自建支付体系。K公司建立支付体系主要从两个方面入手：供应商支付渠道和客户支付渠道。在供应商支付渠道方面，公司战略管理会计人员着重优化供应商的支付形式，如采用货到付款、分期付款等方式，达到及时向供应商付款的目的，在促进资金流动的同时，维护企业的信誉。在客户支付渠道方面，K公司战略管理会计人员同样采用网银支付的模式，即采用货到收款和分期收款的方式，为客户选择适合的个人支付形式提供方便。与此同时，K公司结合客户的消费额以及购买频次，设置相应的信贷支付模块，向客户提供相应的信贷服务，提高客户的忠诚度。

3. 从价值链的角度分析公司战略管理会计的应用效果

（1）物流运输便捷化战略实施效果。在物流运输便捷化战略实施过程中，K公司战略管理会计人员着重从物流角度入手，积极挖掘虚拟价值链和实体价值链的整合价值，搭建适合本公司的物流体系，并在以下两个方面取得了良好的效果。

①提升运输质量。因为打造了优质的物流体系，所以K公司在商品的配送过程中落实“一商品一负责”的原则，建立溯源系统，保证每一个商品在每一个运输阶段都可以找到对应的责任人，这大大提高了商品的运输质量，真正使商品可以完好地运送给消费者。

②增强购物体验感。消费者可以运用物流系统中的溯源系统，了解商品的位置、预计到达的时间、配送人员信息等，实现对商品运输的全方位把控，感受物流系统的强大作用，增强个人的购物体验感。实际的网上调查显示，消费者对K公司的物流系统满意率极高。

（2）平台引流战略实施效果。首先，商品平台引流。K公司战略管理会计人员建立完善的购物模式，注重让消费者获得良好的购物体验，在消费者购买到称心如意的商品后，采用打包消费的方式，向他们推荐其他相关产品。例如，当某顾客购买了某品牌的台式电脑时，K 公司运用大数据技术向该顾客推送相关的键盘、鼠标、鼠标垫等信息，并制定相应的消费优惠包，让消费者关注其他商品，实现对商品的引流。其次，直播平台引流。K 公司通过直播平台实现引流，如请网红推荐相应的商品，利用网红的流量实现新客户、潜在客户转化，增加 K 公司平台的曝光量，达到利用平台引流的目的。最后，支付平台引流。K 公司拥有强大的资金运营能力，采用具有针对性的平台引流模式，即定期向新用户推出小额贷款服务，并向这些新用户免费赠送本平台的商品，让新客户在使用该商品的过程中，增强对 K 公司的了解，实现新客户向稳定客户的转变，从而达到利用支付平台引流的目的。

（四）竞争力分析

SWOT 分析法，即态势分析法，主要运用在企业战略的制定以及竞争对手的分析上。这种分析方法分为内部分析和外部分析两种，注重运用列举的方式和系统的分析方法，对各种因素进行综合性分析，制定相应的企业战略，推动企业的良好发展。

1. SWOT 分析

（1）优势。K 公司运用互联网技术，充分利用各种优惠政策，对现阶段的产销模式进行针对性优化，如减去中间供应商环节，形成“生产商 +K 公司 + 消费者”的产销模式。具体而言，K 公司以网站作为商品销售的引入口，既可以节省各种实体店需支付的费用，如水电费、装修费等，也能减少销售人员的雇用费用，节约大量开支。在采购环节，K 公司及战略管理会计人员可以结合物流系统，有效分析系统中的物流配送数据，形成相应的数据报告以及模型，根据相应的数据了解季节性的销售产品及销售数量，进行相应的采购，在实现精准销售的同时，获得相对低廉的产品采购价格，在一定程度上降低了商品的成本。在物流方面，K 公司在前期将大部分管理费用用在物流体系的构建上，其物流速度远快于其他电商企业，这有利于消费者在短时间内收到相应的商品，增强客户的消费体验感、愉悦感和幸福感。

（2）劣势。K公司的物流体系既是该公司的优势，又是该公司发展的劣势。这种劣势主要体现在两个方面：第一，物流系统覆盖范围受限。该公司物流体系并未覆盖乡村，致使K公司损失一部分客户。第二，确认时间相对较短。消费者在购物的过程中，常参与平台的定期优惠活动，需要在较短时间内确定商品的颜色和类型。由于确认时间相对较短，消费者经常出现退货的状况。为此，K公司需要合理调整消费者购物及付款的时间。

（3）机会。K公司积极利用国家出台的各项政策，向当地政府申请相应的资金支持，促进本公司新业务的拓展，提高公司资金链的强度和韧性。

除了根据政策获取资金支持外，K公司及其战略管理会计人员还积极采用各种现代企业管理的运行模式，如ERP管理系统，以便对各种产品数据进行查询。具体而言，K公司将系统融入商品的日常管理中，形成闭环管理系统，实现对人财物、产供销的全面监管和反馈，达到降低成本的目的。

（4）威胁。威胁主要体现在消费方式和品牌影响上。在消费方式上，部分消费者（尤其是中老年人）更喜欢在线下实体店购买商品，这样他们可以通过售货员的讲解加深对商品的了解，也能获得全方位的服务。在品牌影响上，一些传统企业开始由原先的线下销售转变为线上销售，这在一定程度上会吸引一部分客户去这些传统企业销售网站购买商品。总之，网上消费形式以及传统企业的影响力均会对K公司的产品销售造成一定影响，这些也是值得该公司关注的因素。

2. 内在资源和能力分析

（1）良好的品牌效应。良好的品牌效应主要包括三方面内容。第一，丰富的品类。K公司战略管理会计人员运用大数据分析消费者的购买喜好，适时地通过市场调查的方式了解客户的新需求，拓展产品品类。第二，线上与线下融合。该公司为了取得良好的品牌效应，可以构建线上加线下的销售模式，在条件允许的情况下，在部分地区开设体验店，让消费者能够走入实体店，接触网上的各类商品，在提高品牌效应的同时，促进销售额的提升。第三，拓展新端口。K公司战略管理会计人员可以与各类新媒体签署协议，拓展新的端口，如与快手等直播平台签署协议，在直播平台适时播放本公司的相关广告，达到引流的目的。

（2）优秀的管理运营能力。K公司的优秀管理运营能力主要体现在员工管理和产业链运营两个方面。在员工管理方面，K公司战略管理会计着重从员工忠诚度、团队协作能力、工作水平等方面入手，对本公司员工进行针对性管理，旨在打造综合素质优良的团队，为公司各部门未来的发展培养优质人才。在产业链运营方面，K公司管理者以及战略管理会计人员着重从物流配送系统和售后服务两个维度切入。在物流配送方面，K公司着重从物流配送系统入手，发力线上和线下两个方向。在售后服务方面，K公司以物流配送链为依托，引入售后服务，如根据已购商品的投诉状况，结合对应的物流配送路线，进行针对性的新商品配送，推动售后服务质量的提升。总之，在提高公司管理和运营能力方面，K公司管理人员及战略管理会计人员重视员工管理和产业链运营等，为整个公司的战略执行赋能。

三、K公司应用战略管理会计的启示

（一）加强战略成本管理

战略成本管理是实现企业经营和发展战略的工具，从管理系统论的角度出发，加强战略成本管理可以使企业注重内部和外部管理环境的变化，促使企业统筹兼顾。从企业长远利益和自身状况出发，减少环境对企业的不利影响，提升自身竞争力，实现企业发展的战略目标。

K公司成本包括显性成本和隐性成本。显性成本是指肉眼可见的成本，如物流成本、人工成本等。K公司的显性成本有网络技术显性成本和物流配送成本。一方面，为了提供安全稳定的采购网络，K公司需要将一部分成本投入网络构建。当网络出现问题时，K公司需要进行针对性处理，这也是一种显性成本的体现。另一方面，在形成交易订单后，K公司需要通过物流配送的方式将商品送到消费者手中，物流配送成本由此产生。隐性成本主要是具有间接性、隐藏性的成本，如客服与购买者进行沟通所产生的成本等。K公司隐性成本有两部分，一是不受人为控制产生的物品损坏成本。如在货物的运输过程中，司机师傅遇到突发状况进行紧急制动，导致物品受到惯性的影响，发生不同程度的磕碰，造成不同程度的损坏，从而产生的成本。二是人工意外成本，如快递人员在运输商品的过程中因出现不可控的交通事故而带来的一系列隐性成本。

K公司加强战略成本管理，立足自身实际，采用薄利多销的营销战略，通过与供应商建立互信关系，采用大批量采购的方式，进一步降低商品采购中的显性与隐性成本，从而向顾客提供物美价廉的商品，在市场竞争中获得优势地位。

从上述K公司的做法中，其他企业可以得到一定的启示：企业要想在市场上取得竞争优势，就要以同样的成本为顾客提供更多的使用价值，或以较低成本提供相同的使用价值。因此，企业要加强战略成本管理，从战略高度对企业及其相关企业的成本管理行为和成本结构进行分析，削减物流成本、销售成本、人员成本等，为战略成本管理服务。同时，企业要让员工参与成本管理，建立全员、全方位、全过程的成本管理模式，把影响产品成本的每一个环节都作为成本控制的重点，逐一进行作业成本分析，使管理人员对产品的生产周期和每一环节的制造方法都有充分的了解，从而使产品的利润在整个生产周期最大化。员工参与的程度及责任感的强弱对企业战略成本管理的影响是很明显的，如果企业全体员工都具备节约成本的思想，并以降低成本为己任，那么企业的战略成本管理效果自然就会更好。

（二）灵活调整竞争战略

在灵活调整竞争战略这部分，首先介绍中小企业常用的四种战略，其次介绍K公司应用的具体战略，旨在充分阐述战略管理会计的积极作用。

1. 中小企业常用的企业战略

（1）侧翼进攻战略。侧翼进攻战略是指中小企业向大企业发起进攻，集中力量攻克大企业在该行业市场中的薄弱环节，并以此作为突破口，达到有效打击大企业，获得在该行业中的竞争优势的目的。在实施侧翼进攻战略的过程中，企业战略管理会计需要注意事项如图4-3所示。

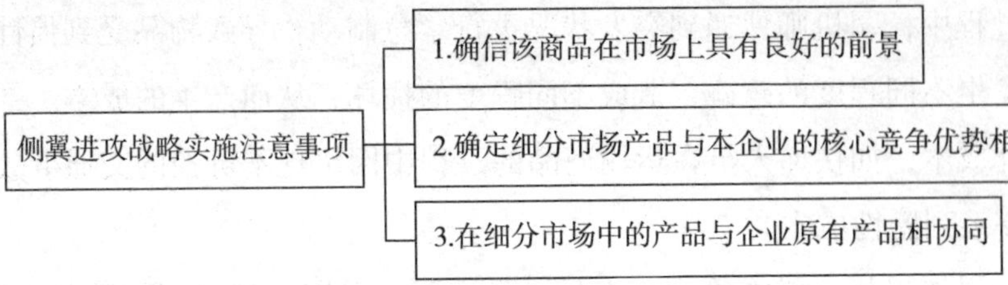

图 4-3　侧翼进攻战略实施注意事项

第一，确信该商品在市场上具有良好的前景。战略管理会计需要通过大量的数据分析，如从分析宏观层面的国家经济发展数据、中观层面的行业发展数据以及微观层面的企业发展数据等入手，结合该行业的发展规律，深入分析该行业的重要数据，如产品毛利和该商品在未来市场发展中可能达到的市场规模等，确定此商品在未来的市场中具有良好前景。

第二，确定细分市场产品与本企业的核心竞争优势相匹配。在侧翼进攻战略的实施过程中，战略管理会计可以落实知己知彼的原则，一方面了解细分市场中细分产品的优势；另一方面深入分析本企业在生产或销售该产品中的优势以及存在的薄弱环节，积极采取各种措施弥补，使企业竞争优势与细分市场中产品生产能力相匹配。

第三，在细分市场中的产品与企业原有产品相协同。企业战略管理会计在进行细分市场中的产品选择时，应着重与本企业生产或销售的其他产品相协同，即让该细分市场中的产品作为本企业产品的补充或是升级产品，实现本企业产品销售方式的系列化。

总之，中小企业战略管理会计在实施侧翼进攻战略的过程中，既要发挥这种战略的优势，又要真正了解本企业的实力，让本企业在市场竞争中充分发挥自己的优势，提高本企业在该行业中的综合竞争能力。

（2）游击战略。游击战略的实施原则是“打一枪换一个地方”。这种战略是短期性战略，适合实施这种战略的企业为中小企业。第一步，明确实施目的，即中小企业为了打破市场竞争格局和现有技术封锁。第二步，制订实施计划。以大企业的弱项和本企业的强项为战略制定的着力点，集中自身局部优势与核心竞争力攻击大企业弱点、软点、痛点，打乱大企业的阵脚，以达到冲击市场，甚至使市场洗牌的目的。游击战略实施时要注意三个方面的内容：其一，在顾客方面，中小企业战略管理会计主要是关注大企业较不重要的顾客或忠诚度较低的顾客；其二，在资源方面，中小企业战略管理会计主要关注的是大企业鞭长莫及的区域；其三，在进攻形式方面，中小企业在实施这种战略时，重点采用分散、随机和小型的进攻形式。

（3）柔道战略。柔道战略的核心是中小企业放弃硬碰硬的思维模式，采用避其锋芒的思维逻辑，遵循借力打力的原则，充分利用大企业的各种优势，在与大企业的竞争、合作中获得一定的市场空间。

战略管理会计人员在运用柔道战略的过程中需要注意三点。首先，移动。通过各种合法商业手段，让大企业无法找到攻击本企业的着力点。其次，平衡。战略管理会计人员为了避免恶意竞争，在战略使用的过程中应注重与大企业寻求适度合作，在了解大企业的过程中，发挥本企业的优势。最后，借杠杆。战略管理会计人员通过利用大企业的影响力，如品牌影响力，达到提高本企业市场知名度的目的。

2. 战略管理会计人员对竞争战略的灵活应用

K 公司战略管理会计人员为了进一步拓展乡镇周边市场，采用线下和线上相结合的方式，综合运用柔道战略和侧翼进攻战略。具体而言，在线上，该公司战略管理会计人员采用柔道战略，与大的电商企业合作，着重从丰富电商的商品品类入手，以此达到提高本企业知名度的目的。为了提高本企业商品的销售量，K 公司战略管理会计人员采用线上推荐的方式，让潜在客户通过拼单的方式获得物美价廉的商品。这种方式主要针对的是青年人和中年人。在线下，K 公司战略管理会计人员采用的是侧翼进攻战略，针对的是大企业忽视的老年人群体，凭借该公司强大的物流系统，为老人提供商品到家的服务，并配备专门的服务人员，向老人讲解商品的使用方式。此外，K 公司采用一县城一体验店的模式，让老人通过逛体验店的方式，更多地了解产品，获得更为全面的商品售后保障，攻克线下市场。总之，战略管理会计通过采用线上与线下相结合的方式，灵活运用柔道战略和侧翼进攻战术，扩大商品市场占有率，提高本公司的市场综合竞争能力。

（三）从消费者角度出发提升 KPI

K 公司以 KPI 为着力点，对公司战略进行针对性调整，以客户为中心进行相应策略的制定，真正遵循“客户即上帝”的原则，为客户提供高质量的服务，提升公司的口碑，达到经济价值和形象价值双创造的目的。为了达到战略目标，K 公司注重从消费者的角度进行考虑，一方面降低企业的成本，另一方面提升企业总体的运营效率。在具体的执行过程中，K 公司着重从成本和效率两方面切入。在成本方面，公司管理人员以及战略管理会计人员可以从完成订单率入手，分析造成订单率低的原因，如根据客户的投诉分析是购物环节存在问题，还是售后环节存在问题等，制定相应的提升订单率的策略，如通过提高整体成单率的方式，最大限度地降低商品在各个环节中的成本。在效率方面，公司管理人员以及战略管理会计人员可以从顾客稳定率入手，想办法留住老客户，同时想办法吸引新客户。对于留住老客户，公司管理人员以及战略管理会计人员重点考虑消费者喜好，制定符合老客户喜好的商品销售策略，让老客户感受到公司的贴心，真正留住老客户。对于吸引新客户，首先，公司管理人员及战略管理会计人员着重以引入新平台为切入点，如借助新媒体平台，让更多的客户了解企业，在建立信任的过程中完成购物，最终达到将潜在客户转化成新客户的目的。其次，通过制定合理的销售策略，真正留住这些新客户，完成由新客户向老客户的转化，提升客户的稳定性，最终达到提升公司运营效率的目的。

（四）建立完善的战略管理会计信息系统

要建立完善的战略管理会计信息系统，公司管理人员以及战略管理会计人员可以从信息收集、战略管理会计工具的应用两个方面入手。

在信息收集方面，公司管理人员以及战略管理会计人员可以从本公司信息和外部信息两个方面着手。对于本公司信息的收集，公司管理人员以及战略管理会计人员可以从收集业务数据（如采购数据、人力资源数据）、财务数据（如资产数据、税务数据等）等入手。对于外部数据收集，公司管理人员以及战略管理会计人员可以运用该系统收集如下数据讯息：国家经济发展数据、行业发展数据、竞争对手数据等。通过从内外两个信息源入手，企业管理人员和战略管理会计人员可以对整个经济发展形势、行业发展状况、竞争对手状况有一个整体性的认知，并在了解行业蓝海、红海以及竞争对手优势与劣势的基础上，充分结合本公司的优势制定相应的企业发展战略，促进本公司合理、健康发展。

在战略管理会计工具应用方面，K公司着重以完善战略模型为抓手。在具体的战略模型构建过程中，K公司从预算工具和价值链两个维度入手。就预算工具而言，战略管理会计人员可以运用预算编制、预算控制、预算执行和绩效管理四项工具，并从长期预算和短期预算着力。就价值链而言，公司管理人员以及战略管理会计人员可以从供货商和商家引入、平台搭建、售后服务的完善三个层面入手，完善现阶段的价值链。对于平台搭建，战略管理会计可以在供应商合作方式和合作商家多样性等方面着力。在与供应商的合作中，公司管理人员以及战略管理会计人员可以采用全新的合作方式。例如，企业可以与供应商协商，采用阶梯报价法，遵循采购数量越多价格越优惠的原则，并结合两个主体具体的合作年限，制定对应的低于同行业价格的订购策略，在维护供应商利益的同时，最大限度地降低公司在采购过程中的成本。对于商家引入，公司管理人员以及战略管理会计人员可以运用数据系统收集商家信息，对拟引入平台的商家资质进行审查，将提供物美价廉的商品的商家引入该平台，通过引入更多商家的方式丰富平台的商品品类。对于售后服务，公司管理人员以及战略管理会计人员可以利用客户管理系统，对完成消费的客户进行有针对性的客户管理，更立体地了解客户满意的内容、存在认知误区的内容以及对公司服务不满意的内容，形成更为系统的客户售后服务拓扑图。公司管理人员以及战略管理会计人员在了解客户的基础上，制定相应的售后服务方案，最大限度地实现客户满意度的提升，达到巩固老客户、挖掘新客户的目的。

第五章　大数据驱动下企业成本管理的创新实践

第一节　大数据驱动下企业预算成本控制的创新实践

一、运用大数据创新企业预算成本控制的现实意义

（一）减少资产损耗，实现资源优化配置

运用大数据，企业管理会计人员可以实现对企业资产、资金的精准管理，合理进行预算成本控制，在减少预算支出的同时，充分利用资金，减少资金浪费，开展科学的预算成本管理。

（二）管控过程科学化，推动企业发展

管控过程科学化主要体现在两个方面。首先，提高应对外部变化的能力。企业管理会计人员运用大数据技术实现对外部数据的整理与分析，了解整个经济的发展态势、行业的发展情况以及企业在该行业中的地位，并在此基础上制订本企业的月度、季度、年度生产计划，合理控制预算成本，提高应对外部变化的能力，促进企业科学健康发展。其次，与企业战略目标相适应。企业管理会计人员在编制企业预算时需要将成本预算进行细化，与对应

的企业战略目标相适应，合理控制战略实施的各项成本，实现资金运用效益的最大化，达到推动企业发展的目的。

（三）开展双元预算，全面提升运营效率

企业管理会计人员可以开展双元预算。一元是立足于现阶段企业发展状况，尤其是各个部门的发展实际，编制各部门的预算，推动这些部门后续工作的开展；另一元是着重优化企业组织结构，将一些冗余的部门撤掉，留下最具战斗力的组织，最大程度降低公司在内部协作过程中的预算成本，让资金用在具有实效性的工作上，提高本企业各个部门的效率。通过从编制预算以及优化现有部门的双元预算方式，管理会计人员对资金进行更为合理的配置、运用，最大限度地降低各种预算成本，提高企业的运营效率。

二、大数据创新企业预算成本控制的策略

大数据创新企业预算成本控制的策略如下。

（一）创新预算成本管理体系

企业管理会计人员需要真正意识到预算成本控制对企业的实际意义，在此基础上，创新大数据预算成本管理体系，通过数据了解企业往年在各个方面的成本支出，制订下一月度、下一季度、下一年度的预算计划，并建立与计划相匹配的弹性预警机制，合理应对在企业预算成本控制过程中出现的各种突发状况，提高整体预算成本控制的灵活性。此外，企业管理会计人员可以利用预算成本管理体系，为每一位员工制定责权利方面的规范，让员工定期在预算成本管理体系平台上输入工作量、存在的问题以及工作的开展过程、应对的措施以及实际的开展效果，为员工提供针对性解决方案，同时也能更全面地了解员工的工作水平，并合理制定对应部门的目标，从而推动管理目标的实现。

（二）创新预算成本控制管理

在创新预算成本控制管理的过程中，企业管理会计人员可运用大数据技术更有效地进行成本控制，最大限度地降低企业在运营过程中各个环节的成

本，提高企业在该行业的竞争力。在创新预算成本控制管理时，企业管理会计人员可以尝试采用如图 5-1 所示的三种方式。

图 5-1　创新预算成本控制管理的三种方式

1. 引入滚动预算规划编制机制

此机制的引入一方面是通过运用大数据实现预算成本控制与实际活动有机结合，避免在预算成本控制中出现往复修正的状况；另一方面是有效规避预算成本控制的功利性和短时性问题，提高预算成本控制的效果。

2. 提高预算成本控制的执行力

为了提高预算成本控制的执行力，企业管理会计需要落实执行预算，实施预算的成本控制方式，使预算成本控制真正落地，尤其是运用大数据对企业的重点项目进行预算，通过执行预算的方式实现对预算成本的合理控制。与此同时，通过提高预算成本控制执行力，企业管理会计人员可以借助大数据，分析预算成本与实际应用之间的结合程度，针对其中出现的问题，制定相应的策略，实现对运营各环节成本的合理控制，达到优化企业资源配置的目的。

3. 开展以价值为导向的预算成本控制

在控制预算成本时，管理会计人员可以运用大数据技术分析企业的发展优势以及在生产经营过程中出现的具有价值的环节，着重对这些环节进行深入分析，进行具有针对性的预算成本控制，即将企业的优势资源向这些环节倾斜，实现企业资源运用效益的最大化，进行以价值为导向的预算成本控制。

（三）创新业财融合的预算成本控制系统

业财融合的预算成本控制系统创新，既有利于对各个部门数据的获取，有利于各个部门之间数据的有效对接，又有利于企业预算成本控制的良性升级，有利于充分发挥大数据在企业预算成本控制方面的积极作用。基于此，管理会计人员可以从如下三个方面创新业财融合的预算成本控制系统。

1. 统一业财数据标准，增强预算成本控制的实效性

管理会计人员为了实现对各部门数据的有效提取，促进各部门之间数据的有效对接，在构建业财融合预算成本控制系统时，有必要规范业财数据，如资金运行状况数据、业务收支数据、项目筹划及执行数据、物料采购数据等。实现对上述业财数据的有效查询、提取和分析，最终达到提高预算成本控制实效性的目的。

2. 引进新技术，增强预算成本控制系统的业财数据整合能力

除了统一业财数据标准外，管理会计人员需要在专业人员的帮助下，提高此系统的业财数据整合能力。

第一，数据搜索能力。管理会计人员可以引进已有的数据挖掘和学习技术，开发新型数据挖掘技术，如图挖掘技术、特异群组挖掘技术、数据网络挖掘技术等，实现对业财数据的有效搜索。

第二，数据分析能力。为了提高业财融合预算成本控制系统的数据分析能力，管理会计人员可以结合实际需要，灵活运用相应的统计分析技术，如快速聚类法、因子分析法、主成分分析法等。

总之，企业管理会计通过增强系统的业财数据整合能力，可以有效提取企业中的业财数据，并建立相应的预算成本控制数据模型，增强预算成本控制的科学性。

3. 提高业财融合的预算成本控制系统的风险控制能力

在构建业财融合的预算成本控制系统的过程中，管理会计人员可以通过建立数据分析模型，实现对原材采购、产品生产、市场营销三个阶段的有效

监管，对三个阶段的数据进行分析，及时发现、遏制可能出现的各种风险，提高该系统的风险控制能力。

（四）创新预算成本控制体系

在创新预算成本控制体系的过程中，管理会计人员可以从以下两个方面考虑。

第一，企业管理会计人员可以将阶段性的预算成本控制目标纳入该体系中，如月度、季度和年度预算成本控制目标等，并以实际的业务量为依据，将实际成本与预算成本控制目标对比，方便在各个阶段及时发现预算成本控制中的问题，对阶段性的预算成本控制目标的达成情况进行有效监督，提高预算编制效率。

第二，建立预算成本控制资源配置模型。管理会计人员可以以预算成本指标为依据，根据业财融合的预算成本控制系统中的数据，建立其与业务量、企业营业额、成本以及价值因子等相关的预算成本控制资源配置模型，找出使预算成本增加的因素，及时对这部分因素进行分析，制定相应的策略，有效进行预算成本控制。

第二节　大数据驱动下企业生产成本控制的创新实践

一、大数据驱动下企业生产成本控制创新的意义

成本控制于企业而言，是提升经济效益的重要手段，是提高企业核心竞争力的重要途径。在大数据驱动下，管理会计人员可以将云会计引入生产成本控制中，让云会计完成对生产制造企业各个部门数据的有效整合和科学分析，为企业生产成本控制提供良好的数据支撑，促进企业健康良性发展。

云会计是一种会计信息化模式，具有成本低、效率高、易维护、易协同的特性。在大数据驱动下，应引入云会计实现对企业生产成本控制的创新。下面对云会计在企业生产成本控制创新中的意义进行介绍（见图 5–2）。

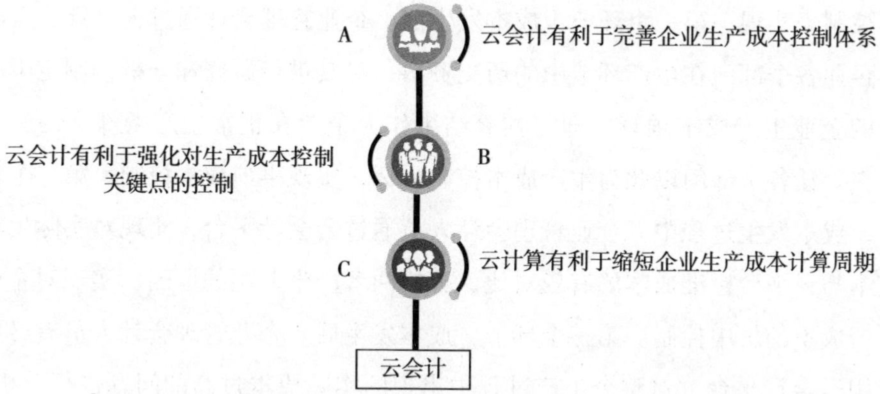

图 5-2　大数据驱动下云会计对企业生产成本控制创新的意义

（一）云会计有利于完善企业生产成本控制体系

1. 云会计完善企业生产成本控制体系的条件

云会计完善企业生产成本控制体系的条件有三个。首先，技术支撑。云会计得以使用的技术条件有大数据技术、人工智能技术、移动互联技术、云计算技术以及区块链技术等。其次，数据支撑。在上述技术支撑下，财务数据和非财务数据均可上传到云会计平台上。与此同时，云会计平台运用此平台具有的数据挖掘技术和数据分析技术，如 OLAP、DW/DM、ODS 等，对各种业财数据进行深度分析，将这些数据存储到相应的数据库中，如非关系型数据库、分布式文件系统中。最后，数据处理。在数据处理方面，云平台运用上述技术对与成本相关的各种数据进行深度分析，形成相应的数据报告或模型。管理会计人员以这些分析模型、报告为依据，有针对性地进行现场调研，与责任主体沟通，了解存在问题的原因，向企业管理者提出相应的意见与建议，真正解决企业生产成本控制中的各种问题。总之，云会计依托技术、数据，通过对数据进行处理，形成相应的企业成本控制报告和模型，为实际解决各种成本问题提供方案，完善企业生产成本控制体系。

2. 云会计完善企业生产成本控制体系的方式

云会计完善企业生产成本控制体系，主要通过对生产的三个环节的成本控制来实现。第一个环节，成本发生前。企业管理会计通过云会计平台收集企业各个部门在生产环节中的历史资料，对其进行研究和分析，制定下一年的企业生产成本预算，即将预算结果作为企业在正常生产条件下的标准成本，让各个部门以此为生产成本控制目标，实现事前成本控制。第二个环节，成本发生过程中。企业管理会计人员通过云会计平台，实现对实际生产成本与云平台标准成本的有效对比，分析两者产生差距的原因，实现对企业生产成本的事中控制。第三个环节，成本发生后。企业管理会计人员有必要运用云会计平台，对整个生产过程中出现的实际成本过高的问题进行分析，从整体上分析其根本原因，制定责任到人的成本管理策略，真正为下期成本控制的优化提供保障。总之，通过成本发生前、成本发生过程中、成本发生后三个环节，企业管理会计人员可以更全面地实现对生产成本的控制，并结合出现的现实问题，有针对性地实施方案，达到完善企业生产成本控制体系的目的。

（二）云会计有利于强化对生产成本控制关键点的控制

管理会计人员可以运用云会计平台实现对各个部门数据的分析，如财务数据、采购数据、物流数据、库存数据、生产数据、销售数据等，并将这些数据与企业生产成本预算进行对比，发现在各个环节中实际的成本费用占比结构以及变化趋势，更好地把握影响企业生产成本控制的关键点，真正抓住影响成本的关键性要素，制定精准成本控制方案，对企业生产成本控制进行优化。

（三）云计算有利于缩短企业生产成本计算周期

云计算有利于缩短企业生产成本计算周期，这主要体现在如下三个方面。

首先，科学细化数据，缩短计算时间。管理会计人员通过使用云会计平台，利用大数据的搜索技术，一方面把握企业的整体数据，了解企业往期在各环节的生产成本；另一方面掌握各环节中的具体数据，对下一年各部门生产成本作出科学预判，缩短计算时间。

其次，即时对比数据，发现问题。企业各个部门的相关负责人将实际生产的各项费用数据，如材料费用、人工费用、设备费用等上传到云会计平台上。在此之后，管理会计通过云会计将从业者根据企业各部门上传的生产数据与预算生产成本数据进行对比，即时生成动态数据，实现对生产成本数据的即时性汇总，缩减在实际生产中的数据统计和对比时间。

最后，整理成本数据，缩短成本计算周期。企业管理会计人员通过平台的数据处理与分析功能，制作相应的成本核算报表，方便企业的管理层和决策层及时了解企业生产成本的变化情况。企业管理会计人员通过这种方式可以极大缩短成本计算周期，为企业提供一个动态化的成本控制与管理平台，提升企业生产成本的控制能力。

二、大数据驱动下企业生产成本控制创新措施

企业生产成本控制应该贯穿生产经营全过程，如原材料采购环节、物流环节、库存管理环节、生产制造环节和销售环节等。管理会计人员通过运用云会计实现对每个环节成本数据的掌控，可以有效避免出现因为某个环节成本增加导致其他环节成本进一步增加的情况，有利于加强对企业整体生产成本的控制，提升整体成本控制效率。

管理会计人员可以通过云会计进行如下操作，实现对各个环节成本的有效控制。首先，管理会计人员可以运用云会计采集企业往期各环节的生产成本数据，借助大数据采集、分析功能实现对各生产环节成本数据的建模以及整体生产数据的建模，形成对应的成本预算数据。其次，管理会计人员可以将成本预算数据通过云会计平台发送给相关部门，让这些部门将其作为企业生产成本控制目标。最后，管理会计人员可以运用云会计的数据挖掘技术、数据分析技术，对比成本控制目标与实际成本数据，找出成本控制的薄弱环节，为企业生产成本控制提供合理化建议。在具体的操作过程中，管理会计人员可以从如下五个环节实现对企业生产成本的创新性控制。

（一）原材料采购环节

在原材料采购环节，管理会计人员通过云会计平台可以实现对采购各细节的合理把控，适时与和采购相关的各部门进行有效协调、沟通，实现对采购成本的合理控制。

1. 云会计平台加强成本控制的总方法

管理会计人员通过云会计平台既可以了解企业生产过程中所用原材料的种类和价格，又可以发布各种原材料的需求信息，进一步拓展原有的原材料采购渠道。通过运用云会计平台，管理会计人员可以在了解本企业所需原材料价格和类型的基础上，结合企业实际有针对性地进行原材料供应商的选择，最终达到降低采购成本的目的。

2. 云会计平台在原材料采购环节的具体应用

原材料价格是影响企业生产成本的重要因素。为了提高企业在行业竞争中的地位，管理会计人员可以运用云会计平台，建立往期原材料采购数据库，设定相应的数据采集模块，掌握本企业常用的原材料采集类型及数量，建立相应的原材料需求数量模型，对当年或下一年的原材料采购数据进行合理预估。随后，管理会计人员可以运用云会计平台中的原材料数据采集模块，掌握原材料的市场价格，并运用云会计平台分析各原材料供应商的资质、供货状况等，选择合适的原材料供货商。在完成上述工作后，管理会计人员可以将供应商推送给企业采购部门，让采购部门及时将采购数据，如产品物料清单信息、采购预算成本之外的用料申请数据、原材料采购数据等传送到云会计平台，及时对这些数据进行整合和分析，对比采购原材料预算与实际原材料订购数据之间的差距，为下阶段更为精准地编制采购预算提供数据支撑。此外，管理会计人员除了需要考虑静态的原材料采购数量，还需考虑动态的实际生产状况，根据企业生产过程中出现的情况，制订具有弹性的原材料采购数量计划，从而有效应对各种变化，最大限度地降低企业原材料采购成本。

（二）物流环节

物流环节的运输费用占总物流费用的比重较大。为了实现对运输成本的控制，管理会计人员可以运用云会计平台，打破部门之间的界限，实现仓储、配送和物料供应一体化的运输管理，选择最优的物料运输路径，在保证物流有效供给的同时，最大限度地降低物料的运输成本。具体而言，管理会计人员可以运用云会计平台了解原材料在生产端的使用状况，结合使用结束时间点，灵活控制物料的运输时间，在运输过程中要保证避开高峰期，保证物料的及时供给，达到降低运输成本的目的。此外，管理会计人员除了避开高峰期外，还需要合理选择最优的物料运输路径，如避开经常发生交通拥堵的路段。总之，在物流环节，管理会计人员可以通过云会计平台实现对各运输环节的合理把控，有效利用各环节的生产数据，及时对物流信息进行补充，在提高生产效率的同时，降低物料的运输成本。

（三）库存管理环节

企业在库存管理环节的成本控制主要包括两个方面的内容：一是控制仓库货物存量，二是控制仓库管理成本。

为了有效控制仓库货物存量，管理会计人员可以运用云会计平台对现有的影响仓库货物存量的因素进行分析，如产品订单、现有库存数据、物料清单等，选择合适的仓库货物存量，在保证仓库货物存量满足企业生产需要的同时，降低仓库的货物存量，达到降低仓储成本的目的。

为了有效控制仓库管理成本，管理会计人员需要运用云会计平台，实现对各个部门原材料仓库存量数据的有效获取，并以实际的日产值为依据，及时进行货物供给信息的传输。在具体的库存管理过程中，管理会计人员可以从两点切入。首先，在仓储物资上粘贴电子标签。在粘贴电子标签的过程中，管理会计人员需要对仓储管理人员作出如下提醒：标签需要包含对应物资的唯一编码和详细的仓储信息。这样做是为了实现云会计平台对仓储物资的精细化管理。此外，保证仓储管理者通过云会计平台可以对此标签所标注的物资进行精准定位，有效提取该物资，达到降低成本的目的。其次，对物资开展射频识别技术跟踪。管理会计人员可以向企业管理层提出建议，即在物资管理过程中进行射频识别跟踪，及时运用云会计平台跟踪物资的投入、使用和运转的全过程管理与监控，保证相应物料可以准时安排到相应的生产位置，从而降低在物料管理过程中产生的各种人力成本。

总之，在物料的数量和管理两个层面，管理会计人员可以运用仓库货物存量、电子标签、射频识别技术等实现对库货物的有效管理，最大限度地降低企业在库存管理环节的成本。

（四）生产制造环节

管理会计人员对生产制造环节成本的控制主要体现在微观层面。具体而言，管理会计人员可以深入分析企业历年生产过程中各部门的成本变化状况，针对其中关键的生产环节设定相应的成本指标，通过云会计平台实现对这些环节成本的微观控制。管理会计人员可以通过对云会计平台中的标准生产成本与实际成本进行比较，实现对生产制造环节的成本控制。

第一种状况是云会计平台的标准生产成本与实际生产成本的差异较大。这种情况下，管理会计人员需要与负责该生产环节的相关人员进行沟通，了解造成这种状况的原因，并对该平台数据进行相应调整，使两者数据更为接近，推动对生产制造环节的成本控制。

第二种状况是实际生产成本出现严重的异常情况。对于这种情况，管理会计人员需要获得企业管理层的允许，在各部门的配合下，深入了解各个部门的情况，找到生产成本出现异常的具体原因，提出具有全局性的策略，让各部门之间相互协作，促进问题的解决，降低实际的生产成本。

总之，在生产制造环节的成本控制中，管理会计人员需要通过云会计平台，实现实际数据与平台标准数据的灵活比对，针对两者之间的数据差异，制定相应的成本控制策略，从而降低企业在生产制造环节的成本，通过合理控制成本，使企业在行业中取得优势地位。

（五）销售环节

管理会计人员运用云会计平台实现销售环节成本控制，主要体现在两个方面。首先，减少广告费用支出。管理会计人员通过此平台实现与终端客户的线上直接沟通，了解该产品的用户的实际需求，结合实际市场占有率，精准寻找目标销售群体，进行相应产品的推送，达到减少广告费用支出的目的。其次，提升品牌效应，降低销售成本。企业管理会计人员通过云会计平台可以了解客户投诉情况，主要包括产品的槽点、缺点，制作对应的投诉分析模型或报告，并参与解决这些问题，制定一系列应对策略，在解决客户问题的同时，提高他们的满意度，提升该产品的品牌效应，降低企业下一次销售过程中销售环节的成本。

第三节　大数据驱动下企业组织成本控制的创新实践

一、企业组织成本的定义和构成概述

组织成本是指保持组织存在、正常运转所需的费用。在企业组织成本计算过程中，管理会计人员需要从隐性成本和显性成本两部分着手，进行组织成本的控制。显性组织成本相对而言具有较强的表征性，如车间经费、管理费用等。隐性成本具有较高的复杂性，下面主要从三个方面对其进行介绍（见图 5-3）。

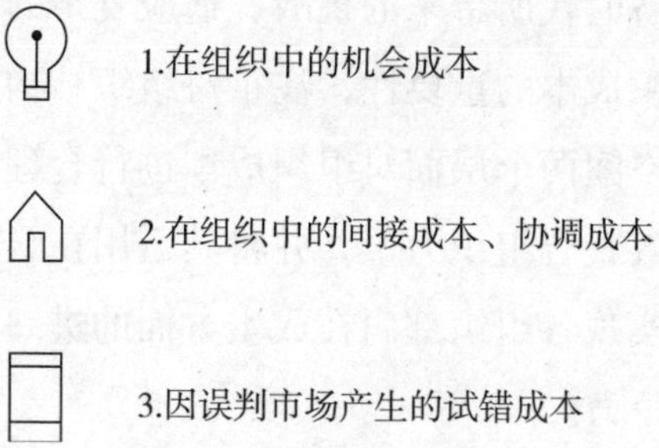

图 5-3　隐性成本的构成

一是在组织中的机会成本。管理会计人员与企业管理层在确定一种组织形式后，往往意味着另一种组织形式不被选择，而不被选择的组织形式可能会让组织的效益更高、效率更高、成本更低，这是一种隐性组织成本。

二是在组织中的间接成本、协调成本。首先，间接成本。在组织管理过程中，决策者的错误决策导致员工的工作效率无法提升，企业在一定程度出现整体效率下降的现象，造成间接损失，这也是一种常见的隐性组织成本。其次，协调成本。企业管理层在协调各部门之间工作的过程中，往往需要消耗相应的资金、资源，这些是企业隐性组织成本的重要组成部分。

三是因误判市场产生的试错成本。企业管理层在波谲云诡的市场变化中，因误判导致企业付出巨大的代价，使企业陷入困境，这其中出现的各种损失，也是隐性组织成本。

二、影响组织成本的关键性因素

（一）宏观经济环境

21 世纪是知识经济时代，经济发展具有不确定性，即在经济发展过程中，某一产业可能在现阶段依靠先进的技术和知识获得优势地位，但随着时间的推移，该产业有可能被其他新产业取代，不得不面临消亡的风险。这给企业发展带来了新的挑战，即企业需要面临知识经济时代经济发展的高度不确定性，需要及时掌握和运用新知识、新技术，在未来的行业竞争中处于有利地位。受到知识经济的影响，企业在发展过程中面临着极大的考验，同时也面临着被其他竞争企业取代的风险。

为了应对知识经济时代所带来的挑战，适应复杂的市场变化，企业管理者需要意识到控制组织成本的重要性，注重对组织结构进行优化，使各部门通力合作。从时间和空间两个层面对组织成本进行合理控制，让各组织部门间进行深度协作，高效整合组织力量，并将其运用在日常的运营中，推动企业组织管理的升级，实现各组织部门在成本方面的进一步缩减，帮助企业提高在未来市场中的竞争力。

（二）企业组织结构

1. 扁平化组织

扁平化组织借助信息系统，消除企业的中间层级，直接让高层和基层对接，实现更为高效的信息沟通，提高基层和高层之间信息传递、处理和采集的及时性，形成有序、高效的组织形态。

扁平化组织对成本的影响主要体现在如下两个方面。

一是降低企业的信息成本。扁平化组织有利于减少纵向信息链，提高企业管理者在决策与行动上的反应速度，有利于管理者在最短的时间内接收更有用的信息，通过迅速决策的方式将已有问题可能造成的损失降到最低，在降低企业信息成本的同时，降低企业在运营过程中的其他成本。

二是降低企业部门之间的协调成本。扁平化组织以工作流程为中心，遵循“流程负责、流程服从、流程支持”的原则，可以集成企业的信息流、价值流和物流，减少或合并非增值流程，实现各部门间的互动，有效推动各部门间信息的沟通、处理和传递，从而达到降低企业部门间协调成本的目的。

2. 网络化组织

网络化组织是一种新型组织结构，以契约关系为前提，以信息通信技术为支撑，以信息的透明化和及时性为特征，以平级、纵级为主要信息传递路径的组织形式。

网络化组织对成本的影响主要体现在如下两个方面。

一是降低信息传递成本。网络化组织可以实现横向与纵向连接。在横向连接方面，网络化组织联系的成员包括市场中不同行业的企业，实现这些企业在商务信息上的有效互动。在纵向连接方面，网络化组织可以将供应链上的顾客、供应商等有效连接起来，实现纵向各个组织在信息方面的动态沟通。通过横向与纵向的信息沟通，网络化组织可以有效解决企业间信息不对称的问题，降低企业内部与外部的信息传递成本。

二是降低决策失误成本。网络化组织结构使企业各业务部门间的沟通更有序、更高效。此外，网络化组织将原先的事后监督转变为事前和事中监督，这种方式可以在很大程度上提高企业管理会计在收集相应数据方面的准确率，有利于降低企业管理层决策失误的成本。

（三）部门组合方式

部门组合方式是指组织内各部门之间的组合方式。组织内部各部门之间合理的组合方式不仅可以降低组织成本，还能提升组织战略目标的实现概率。常见的部门组合方法包括职能组合、事业部组合、区域性组合和多重组合。

职能组合是将职能、知识和技能相似的人员安排到一个部门，让此部门进行专业问题的探究，达到降低组织成本的目的；事业部组合是指以企业产品和服务为中心，将相关人员安排到一个部门，此种部门可以以较低的组织成本实现某一具体目标；区域性组合是为满足某一国家或者地区顾客的需要而组成一个部门，此种组合形式既可以提高品牌知名度，又能够节约售后服务成本。多重组合指同时拥有多重组合方式的部门组合方法。

总之，在控制企业组织成本的过程中，管理会计人员需要结合企业的实际，灵活采用相应的部门组合方式，使企业降本增效，让企业在行业竞争中保持优势。

三、大数据驱动下企业组织成本控制的创新实践

（一）大数据驱动下以战略任务为基准的组织成本控制创新实践

1. 利用大数据灵活分析行业技术特点，实现对企业组织成本控制

管理会计人员在控制企业组织成本时，需要充分运用大数据技术。一方面是通过分析整个行业的发展状况，明确本企业在市场中的定位；另一方面是重视技术部门的建设，积极地吸收、开发先进技术，将这些技术运用在企业的拳头产品上，使企业在市场中占有一席之地，通过稳扎稳打的方式达到降低成本、赢得市场的目的。

以重视质量管理类企业为例，管理会计人员可与企业管理者商讨，成立质量管理领导小组。该小组应成为企业的关键部门、决策性机构，拥有决策权，处理与质量相关的事务，并对其他部门具有一定的指挥权和否决权。通过设置这种管理机构，管理会计人员可以找准组织结构的重点，把握提高企业产品质量的关键性要素，将重点资源，如人力资源、技术资源向该小组转移，通过提高经济效益的方式，达到降低企业组织成本的目的。

2. 利用大数据技术实现人员配置的优化，降低企业组织成本

管理会计人员可以运用大数据技术分析员工的特点，了解他们的优势和劣势，为员工选择合适的岗位，让他们真正在适合的岗位上发挥特长，在工作中获得成就感，加强责任感，在实现个人成长的过程中，促进企业的发

展。总之，管理会计人员可以通过运用大数据技术实现人员配置的优化，真正做到人岗相宜，降低企业组织成本。

（二）大数据驱动下以经营职责为依据开展组织成本控制实践

1. 利用大数据分析职能和客户群特点，进行组织成本控制创新

随着企业组织规模的扩大，管理会计人员可以运用大数据技术，对岗位职能和客户群特点进行深入分析，在此基础上完成对组织的创新性划分，达到提高组织效率，降低组织成本的目的。具体而言，管理会计人员可以按照如图 5-4 所示的措施进行组织成本控制创新。

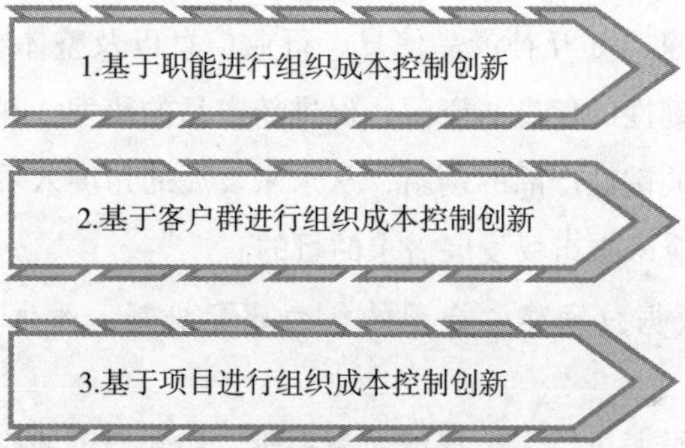

图 5-4　进行组织成本创新性控制的措施

（1）基于职能进行组织成本控制创新。在基于职能进行组织成本控制创新的过程中，管理会计人员可以以职能为主要的部门划分依据，运用大数据技术对一些部门进行重组，提高管理效率，强化管理，从而降低企业的组织成本。

（2）基于客户群进行组织成本控制创新。针对一些针对客户群组织运营的企业，管理会计人员可以以客户群为主要的部门划分依据，开展组织成本控制创新，充分利用大数据技术，实现对客户群的深入分析，设立相应的组织部门，实现组织成本的降低。具体而言，管理会计人员可以运用大数据技术整合客户信息，以客户为核心设置组织部门，即潜在客户部门、新客户部门、忠诚客户部门、售后部门，增强各个部门的专业性，并采用扁平化的组织形式，让各部门间进行及时、多元的沟通，提升部门之间的协作性，实现

潜在客户向忠诚客户的转化，通过售后部门“守护”忠诚客户，有效降低沟通成本、协作成本，降低组织成本。

（3）基于项目进行组织成本控制创新。在利用大数据开展组织成本控制创新的过程中，管理会计人员需要结合企业所处的发展阶段以及具体的工作内容，创新性应用相应的组织形式，集聚优质资源解决重要问题，达到降低企业组织成本的目的。具体而言，企业在发展过程中，往往需要面临产品创新的问题。基于这种状况，管理会计人员可以结合具体的项目内容，在不影响企业正常运营的情况下，集中企业与新产品设计生产相关的资源，设立相应的部门。在此之后，管理会计人员可以运用大数据技术，采用网络化组织形式，一方面运用企业的资源推动相应问题的解决；另一方面了解与该新产品相关的其他信息，如互补产品信息、行业信息以及整体经济发展信息等，综合运用各种关键性的信息与资源，促进新产品的研发。在优化现有组织结构的同时，实现关键性产品的创新，从未来发展的角度入手，达到降低现阶段研发成本、适应未来市场发展需求的目的。

2. 利用大数据技术建立合理的权力分配机制，激发各个组织工作能动性

管理会计人员通过以大数据技术为手段，构建合理的权力分配机制，可以真正让有贡献、有能力的组织获得更大的发展空间，激发组织的工作积极性，在为企业带来经济效益的同时，达到降低企业组织成本的目的。在运用大数据进行权力分配机制构建的过程中，管理会计人员需要注意如下两个方面内容。

第一，落实以部门贡献为核心的权力分配原则。管理会计人员可以以平级部门的贡献为标准，以各部门达到的组织目标为依据，进行相应权力的重新划分，让贡献率高的部门获得更大的权力，拥有更多的资源和发展空间，激发部门工作的能动性，达到创造更高利润的目的。管理会计人员可以运用大数据技术对各个部门的工作量、工作目标、工作贡献等信息进行整合，了解各个部门的贡献，选出贡献率大、工作能力强的部门。注重合理划分评价的时期，如以半年为期限进行针对性的部门考核，以贡献率为依据，适时进行权力分配，实现权力分配的公正、公开和公平，激发各部门员工的积极

性，实现效益的增加，变相降低成本。

第二，运用大数据技术构建闭环式的权力下放机制。管理会计人员在构建闭环式的权力下放机制时需要充分运用大数据技术，重点检测如下闭环式的权力下放机制：诊断机制、授权实践机制以及反馈机制。

一是诊断机制。管理会计人员可以运用大数据技术，分析造成员工无权状况的原因，着重从岗位设计和组织设计两个角度进行深入分析，找出其中的问题及原因，制定相应的解决策略。

二是授权实践机制。在明确具体原因后，管理会计人员可以与企业管理者商讨，运用大数据技术进行针对性分析，即分析企业发展战略目标、愿景与员工个人目标、愿景之间的关系，让员工在获得相应权力的同时，将个人的发展与企业的发展紧密结合起来，不断推动员工创造性地开展工作，为企业的发展作出个人的贡献。即通过下放权力的方式，激发员工的工作潜能，为企业创造更大的经济效益，达到变相降低企业组织成本的目的。

三是反馈机制。管理会计人员可以运用大数据技术分析每一位员工的工作贡献，建立相应的奖励机制，让每一位员工对企业的贡献以数据的形式呈现出来，让企业员工的付出获得肯定。通过这种反馈机制，管理会计人员可以最大限度地激发员工的工作热情，让他们真正从情感上将个人的发展与企业的发展紧密结合起来，全身心地投入工作，提高工作效率，进而减少不必要的损失，降低组织成本。

（三）利用大数据技术推动组织结构优化，降低各部门之间的交流成本

在优化组织结构过程中，管理会计人员可以从现有组织结构入手。

首先，通过大数据技术建立中间交流机制。该机制的作用是连接上下游部门，避免上下游部门在沟通上出现问题。在实际的机制建立中，管理会计人员可以构建问题提出模块，让下游部门针对上游部门的问题提出相关的看法，注重介绍工作过程中存在的问题以及个体化的解决策略。同时，管理会计可以运用大数据技术构建问题总结模块，针对提出的问题进行针对性分析，梳理工作过程中出现的共性问题，并将这些问题向上游部门反映。此

外，管理会计人员可以在大数据技术的支持下，在上游部门构建相应的问题梳理模块，集中对下游部门出现的问题进行针对性解决。

其次，运用大数据技术建立向上反馈机制。管理会计人员建立向上反馈机制的意义在于及时向上级领导反馈各部门的生产状况以及集中存在的问题，方便从整体上解决问题，实现对整个企业组织结构的优化，最大程度降低因为组织沟通机制不合理而造成的各种隐性成本。

最后，运用大数据技术建立策略制定机制。管理会计人员通过建立策略制定机制，可以让策略制定部门及时反馈具体制定过程中存在的问题，为后期策略的制定提供可靠的数据。

总之，管理会计人员通过运用大数据技术优化组织结构，建立上述三种交流机制，可以实现各个部门之间的横向沟通，以及部门与上一层级的纵向沟通，最大限度地提高工作中数据沟通的效率，实现对各部门在沟通过程中可能产生的隐性成本的控制。

第四节　大数据驱动下企业管理成本控制的创新实践

一、大数据驱动下企业管理成本控制的意义

（一）优化管理成本控制的各个环节，拓展管理成本控制范畴

管理会计人员将大数据融入管理成本控制中，不仅能实现对产品生产过程的核算与分析，还有利于管理成本控制范畴的扩展，即拓展到技术领域、生产领域等，达到控制管理成本的目的。具体优势主要有如下三点（见图 5-5）。

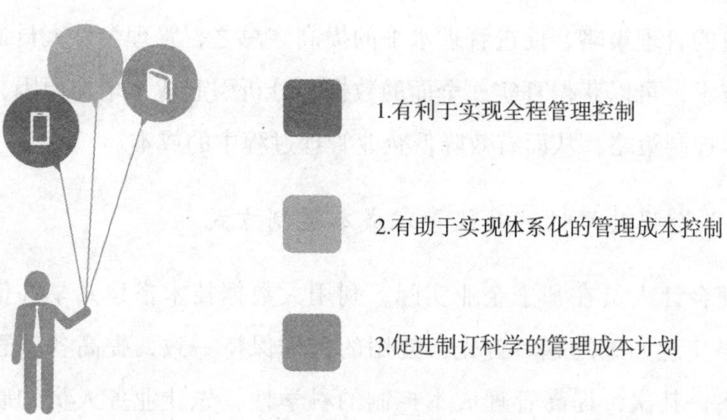

图 5–5　拓展管理成本控制范畴的具体优势

首先，有利于实现全程管理控制。管理会计人员有效运用大数据技术，既可以实现对生产过程中的管理成本的控制，又可以实现对生产前规划、设计和生产中的管理成本的控制，实现全程的成本管理。

其次，有助于实现体系化的管理成本控制。管理会计人员通过使用大数据技术，可以实现事前、事中和事后管理，使管理成本控制体系化，实现对相应责任主体的约束和监督，推动成本控制工作的有效开展。

最后，促进制订科学的管理成本计划。通过使用大数据技术，管理会计人员可以建设相应的管理成本控制系统，制订科学的管理成本控制计划，落实相关责任人的监管任务，有效平衡管理的投入和产出，提高预算和计划执行的平顺性，实现对企业管理成本的控制。

（二）提高成本管理信息的真实性、即时性和准确性，优化管理手段

大数据技术的引入有利于优化管理手段，提高成本管理信息的真实性、即时性和准确性。具体而言，管理会计人员将大数据技术引入管理成本控制中，可以有效分析业务活动产生高成本的真正原因，以及各个环节引起成本增加的原因，促进企业管理成本控制策略的制定。此外，管理会计人员通过引入大数据技术，可以获得业务数据和财务数据，更全面地了解企业管理成本信息，提高信息获得的真实性。管理会计人员还可以通过大数据技术，让各个部门向企业信息平台上传数据信息，找到企业管理过程中存在的问题，

制定相应的管理策略，促进管理水平的提高。总之，管理会计人员通过运用大数据技术，可以获得真实、全面的数据，分析引起成本增加原因，制定相应的成本控制策略，从而有效降低企业管理过程中的成本。

（三）增强共享性，升级管理成本控制方式

管理会计人员在基于企业实际，利用大数据技术搭建共享性信息平台时，需要注意如下问题。首先，使用的名称保持一致，提高各项管理成本分析效率。其次，提高管理成本控制的科学性，先让业务人员知晓相应成本，再让财务人员知晓管理成本产生和控制的逻辑，达到提高管理成本控制水平的目的。最后，为科学决策提供更为有力的数据支撑。通过引入大数据技术，管理会计人员可以搭建具有共享性的信息平台，一方面打破传统的各部门各自为政的局面；另一方面各部门可以运用此平台上传和收集相应的管理成本信息，为企业管理会计人员以及企业管理者提供更为全面的数据信息，提高决策的科学性，有效规避风险，提高经济效益，提高企业管理成本控制的有效性。总之，通过引入大数据技术，管理会计人员可以搭建具有可见性、控制力和高效的共享性数据平台，实现各项管理成本数据共享，通过对这些数据进行针对性分析，形成管理成本数据分析模型及报告，为企业管理者作出管理成本控制决策提供必要支撑，最终实现管理成本控制方式的升级。

二、大数据驱动下企业管理成本控制的原理

（一）管理成本控制系统设计思路

管理会计人员在管理成本控制系统设计过程中，可以将全面预算管理融入作业成本管理中，重构成本管理的结构，尤其是对重点结构进行重构。

从企业管理成本的构成而言，管理成本信息主要分为如下三部分，即事前的资金来源、事中的发生经过、事后的结果。这些管理成本信息分别被不同的部门掌握。

为了将这些信息集中起来，管理会计人员需要考虑构建集中式的信息系

统，并注意把握以下几点。通过构建预算管理模式，实现财政部门的年度预算职能；通过构建计划管理模块，发挥计划制定部门的职能；通过构建合同管理模块，发挥合同管理部门职能。

在完成信息的集中后，管理会计人员需要对这些分散信息进行统一管理，即制定统一的信息存储、传输标准，推动成本管理各项数据的高效共享，提升成本控制质量。

在统一数据标准后，管理会计人员需要构建能自动生成管理成本预算的系统。简而言之，该系统可以使各个部门申报的计划自动生成编号，并将计划中的结算信息、施工进度信息、合同信息、计划信息等进行串联。更重要的是，该系统可以自动选择申报计划的预算项目，通过年度预算控制季度、月度预算，通过季度、月度预算控制生产计划。

在完成系统的构建后，管理会计人员可以通过大数据技术对相应成本数据进行对比分析，发现其中存在的问题，通过实地调查的方式了解产生问题的原因，制定相应的解决策略，形成具有针对性的成本控制报告。具体而言，管理会计人员可以对该系统中的预算数据、计划数据与实际成本数据进行对比，并分析这三种数据之间存在的差异。与此同时，管理会计人员通过对各部门在成本管理方面的数据进行针对性分析，让各部门共同参与相应成本数据的分析，制作具有针对性的成本数据分析报告，为下一步的管理成本控制提供更为充分的依据。

（二）管理成本控制系统架构思路

1. 管理成本控制系统架构构成

在该系统架构过程中，管理会计人员可以从三个方面着手，即作业任务层成本、管理控制层成本、企业战略层成本。

在作业任务层成本方面，管理会计人员运用该系统对特定成本进行分析，利用成本动因分析工具，达到加强作业管理成本控制的目的。作业任务层的成本预算主要包括对原始成本进行记录，将原始成本作为对比项，分析实际作业成本高的原因，制定具有针对性的策略，实现对作业成本的合理控制。

在管理控制层成本方面，管理会计人员运用该系统进行成本预算，着重对管理控制层的成本进行评价和控制。管理控制层的成本预算主要是对成本基础性信息产生的过程进行分析。

在企业战略层成本方面，管理会计人员可以运用该系统中的价值链分析工具，开展相应的成本优势分析。企业战略层成本分析主要分析的是作业任务层的成本信息和管理控制层的成本信息。

2. 管理成本控制系统架构关系

为了实现三个层次数据的有效分享，提高数据传递的规律性，管理会计人员在构建该系统时需要着重考虑两点。首先，增强该系统数据平台的开放性。管理会计人员增强数据平台的开放性，可以有效实现作业任务层、管理控制层和企业战略层三者数据的有效衔接。以底层作业任务层成本为例，需要从事底层作业的相关人员记录与成本相关的数据，包括开工的时间、原因、地点、金额、效果，开工的部门，部门负责人，会计核算事项等信息。其次，规范数据传递的顺序。在该系统的构建过程中，管理会计人员需要注意在数据传递过程中遵循先业务系统、后财务系统的原则。通过遵循上述数据传递原则，管理会计人员可以让业务部门按照计划号进行相应的开支记录，并按照后续的流程继续完成支出记录，直到此项数据被传递到财务系统。注重数据传递顺序的优势还在于管理会计可以通过计划号查询相应支出记录中的成本数据信息，确保全面掌握支出明细，实现成本数据的高效共享。

三、大数据驱动下企业管理成本控制的落实

（一）运用大数据技术完善管理成本预算体系，构建全员参与的管理成本控制模式

管理会计人员运用大数据技术完善预算体系，构建全员参与的管理成本控制模式，注重从横向和纵向两个角度实现全面的管理成本控制。具体而言，管理会计人员根据企业近年的生产实际制订下一年的生产计划，并组织财务部门以及预算委员会进行针对性讨论，确立整体性的管理成本预算目标

和局部性的管理成本预算目标。之后，管理会计人员可以利用大数据技术，结合各部门特点以及相关人员情况，将局部性的管理成本预算目标落实到每一个部门甚至是每一个人上，让他们在实际工作中能够明确目标，落实管理成本控制目标任务。最为关键的是，管理会计人员需要让每一个部门、每一个工作人员定期将部门、员工在岗成本运用数据录入该系统，以及时了解相应主体的成本控制状况，针对出现的问题，及时制定、调整方案，实现全员参与管理成本控制。

（二）运用大数据技术规范业务流程，构建全过程的管理成本控制模式

管理会计人员可以运用大数据技术对业务流程进行规范，实现对各个环节资金流转的全过程控制。具体而言，管理会计人员通过大数据技术实现全过程管理，即预算管理、计划管理、材料采购管理、合同管理、实施管理、结算管理等，并形成一次分解推进二次分解的模式。预算是计划的前提，计划是合同签订和落实的前提，合同签订和落实是项目结算的前提。管理会计人员在操作过程中需要遵循该系统的固化业务程序，即上述的一次分解推进二次分解的模式，并以该系统内部的智能计算功能为辅助。假如管理会计人员在该系统中输入的月度预算超过被允许的额度，则该月度预算无法通过审批，之后无法办理合同，无法进行相应的核算，导致计划最终无法实施。

总之，管理会计人员运用大数据技术可以实现对业务流程的规范，利用一次分解推进二次分解的方式实现对管理成本的全过程控制，为降低企业的管理成本创造条件。

（三）运用大数据技术开展细节化管理控制，降低企业管理成本

管理会计人员通过大数据技术实现细节化的管理控制，着重从细节入手，一方面立足于资金管理，另一方面着眼于人员管理。在资金运用方面，管理会计人员在开展管理的过程中应运用大数据技术，着重从系统提醒入手，增强对资金运转的监控力，同时观察资金的实际运用效果，全程进行记录，实现对企业各个细节的资金掌控，并针对其中花费数额大的部分进行重点分析，监督其合理性和必要性，实现对资金的有效运用，达到降低企业管

理成本的目的。在员工管理方面，管理会计人员可以运用大数据技术，结合员工的工作习惯，为员工制定具有针对性的操作规范，让员工可以明确个人的工作内容和工作方式，极大程度上提高员工在工作时间内的工作效率，降低企业的管理成本。

（四）运用大数据技术开展全过程监督，落实科学化的合同管理

管理会计人员通过大数据技术可以以合同内容为依据进行全过程监管，即以合同为依据，对预算、计划、实施等进行监督与管理，并将其内容进行可视化展现，让整个生产过程更具有规范性，提升企业管理成本控制水平。

第五节　大数据驱动下企业投融资成本控制的创新实践

一、大数据驱动下企业投融资成本控制的意义

（一）运用基于大数据的风险控制体系，降低投融资风险和投融资成本

企业在投融资过程中常会面临因为各种不确定因素，导致投融资风险和投融资成本加大的状况。基于此，管理会计人员可以运用基于大数据的风险控制体系，降低投融资风险和投融资成本。

具体而言，运用大数据技术建立风险控制体系，管理会计人员可以对投融资企业进行投资前和投资后的分析。以投资为例，在投资前，企业管理会计人员可以准确分析被投资企业的财务数据、信用信息、经营数据等结构化数据与非结构化数据，实现对被投资企业的精准“画像”，有效识别被投资企业可能存在的财务风险和经营风险，避免出现高风险投资的行为，从而达到提高投资收益、降低投资风险和投资成本的目的。在投资后，管理会计人员可以运用基于大数据的风险控制体系，监管被投资企业的资金使用状况，

建立相应的风险预警机制，实现对被投资企业非正常交易的有效识别，并及时进行制止，降低企业投资风险、成本，提高收益。

总之，管理会计人员通过使用基于大数据的风险管控体系，可以对投融资企业的财务数据进行有效分析，对其资金变动进行监管，降低投融资风险和投融资成本。

（二）运用大数据技术解决投融资双方的信息不对称问题，降低信任成本

投融资双方最主要的问题是信息不对称，即投融资双方对彼此的了解不深。在面对此种状况时，管理会计人员可以通过运用大数据技术，挖掘投融资企业的各项业务数据、财务数据等，并将这些数据进行针对性的智能分类，对投融资企业经济实力、运营能力进行深入了解，结合企业的实际状况，选择最为合适的投融资项目，降低因盲目决策引起的损失，达到降低投融资企业信任成本的目的。

与此同时，管理会计人员通过运用大数据技术，可以实现投融资双方高效对接，让投融资双方的资金期限匹配得到最大程度的优化，在提高资金配置效率的同时，让双方知己知彼，降低信任成本。

总之，借助大数据的力量，管理会计人员可以实现对投融资企业财务数据以及资金的全面了解，解决传统投融资过程中出现的信息不对称问题，降低投融资双方的信任成本。

（三）利用大数据技术实现投资多元化，降低企业投融资开辟渠道成本

管理会计人员通过运用大数据技术可以更立体地了解现有的金融市场体系，突破传统金融活动的时空局限，融入市场信息透明化的金融环境。此外，管理会计人员还可以了解各企业的投融资业务，拓展投融资渠道，将鸡蛋放到多个篮子中，降低企业投融资开辟渠道成本。

在融资方面，主要分为内源融资与外源融资。在内源融资上，管理会计人员可以运用大数据分析企业在经营过程中产生的储蓄性盈利，如留存收益，并将这些资金用于投资，有效提高本企业资金的周转率，即降低企业停

滞资金的成本。在外源融资上，管理会计人员可以向本企业之外的其他企业或组织进行资金的筹集，即通过大数据技术分析各种融资方式的区别，如发行债券、发行股票、银行贷款等，并基于企业实际，合理选择外源融资方式，降低融资的各种成本。

在投资方面，管理会计可以通过大数据了解投资形式和投资平台，结合已经获益的投融资企业数据进行针对性选择。具体而言，在投资形式上，管理会计人员可以借助大数据技术，分析直接投资（投放于生产经营环节中的投资）和间接投资（投放于股票、债券等权益性资产上的投资）的不同，结合企业实际的资金周转周期、获益大小以及风险比例，选择合理的投资形式。在投资平台上，管理会计人员可以通过大数据综合分析多种投资服务平台的区别，结合本企业的经营账目以及获益数额，灵活选择相应的平台，实现投资成本最低化、效益最大化。

总之，在辅助企业进行投融资的过程中，管理会计人员可以通过大数据技术了解各种投融资方式，获得更多的投融资渠道，选择最为适合的投融资方式，降低实际的投融资成本。

二、大数据驱动下企业投融资成本控制的条件

大数据驱动下企业投融资成本控制的条件如下。

（一）投融资主体

1. 资金提供主体

本部分所说的资金提供主体主要是指政府。政府在投融资过程中起到市场投资风向标的作用。基于此，管理会计人员需要认识到以政府为核心的 PPP 融资模式的特点，结合企业自身的实际，运用大数据技术对基础设施建设投资项目进行深入分析，合理选择相应的项目，降低投融资各方面的成本。管理会计人员除了要关注政府这个主体外，还须关注银行等金融投资主体，即运用大数据了解银行等金融机构在贷款方面的优惠政策，选择最为合适的贷款方式，降低外源融资成本。

2. 资金需求主体

管理会计人员需要了解资本需求主体的状况，通过大数据技术了解资金需求企业的经营数据、财务数据、项目数据等，并向资金需求主体提供本企业的实际信息，解决双方的信息不对称问题。

3. 大数据模式核心主体

大数据模式核心主体主要是企业的投融资管理平台。该平台涉及的主体包括资金提供主体和资金需求主体，主要由区块链技术和数据库构成。在投融资过程中，管理会计人员可以运用该平台和区块链技术，实现各个主体在各种数据方面的有效沟通，让各方在知己知彼的状况下，完成后续的投融资协议签署，降低各方在投融资方面的成本。

（二）投融资技术

1. 数据挖掘与分析技术

为了解决企业在投融资过程中出现的投融资双方信息不对称问题，管理会计人员在进行投融资的过程中需要充分运用数据挖掘与分析技术，收集投融资企业的各种经济数据。尤其要分析投融资对象近些年的发展状况、负债状况、诚信状况等，合理选择最优的投融资对象，降低在投融资过程中可能出现的各种风险。

2. 信息加密与共享技术

为了保证投融资双方沟通过程中的关键数据不被泄露，管理会计人员需要运用大数据中的区块链技术，设置私有性的区块链密钥，让数据接收者通过输入密钥的方式解读相应的数据信息，有效降低投融资双方在实际的投融资过程中的风险和成本。

三、大数据驱动下企业投融资成本控制的创新实践路径

大数据驱动下企业投融资成本控制的创新实践路径如下。

（一）投融资管理平台和数据库建设

1. 建立投融资管理平台

建立投融资管理平台，主要有三个方面的作用，如图 5-6 所示。

图 5-6　建立投融资管理平台的作用

（1）寻找最佳的投融资主体。管理会计可以使用平台，充分运用大数据的挖掘和分析技术，寻找最适合本企业的投融资对象，如互联网企业、商业银行、各级政府等。

（2）提供多种投融资方式。在投资方面，管理会计人员可以借助大数据分析不同的投资形式，如直接投资与间接投资、长期投资与短期投资、对内投资与对外投资等。在分析上述几种投资形式特点和优势的前提下，选择适合本企业的投资形式，降低企业在投资过程中的风险和成本。在融资方面，管理会计人员可以借助大数据技术进行企业内源融资、外源融资方面的分析。在内源融资上，管理会计人员可以利用大数据了解企业内部的资金运用状况，尤其是储蓄性盈利，合理利用这部分资金，创造更大的经济效益。在外源融资上，管理会计人员可以结合企业生产的淡旺季，灵活调整外源融资方式。例如，在企业生产的旺季，管理会计人员采用短期的融资方式，即通过短期贷款的方式满足资金需求，降低外部融资成本。

（3）实现资金的监管和发放。通过运用投融资平台，管理会计人员可以了解企业的投融资账务，制作相应的投融资数据模型或报告，及时了解投融资资金的流转情况，进行针对性的资金监管和发放。

2. 实现投融资双方在各节点的财务数据共享

管理会计人员可以运用平台的区块链技术，对投融资双方的实时、动态信用数据、资金数据、交易数据进行上链处理，将这些数据存入相应的数据库中，实现在各节点的数据共享。

（1）从融资角度来说，管理会计人员所在的企业为资金需求方时，管理会计人员需要定期通过该平台向提供资金的主体发送本企业的运行状况数据、资金运用状况数据等，让资金提供者可以对本企业的资金运用情况进行监管。

（2）从投资角度来说，管理会计人员所在的企业为资金提供方时，管理会计人员可以定期通过该平台了解被投资企业的运营状况，实行动态的资金监管，及时发现被投资企业在资金使用过程中存在的问题，适时抽回企业资金，实现强有力的投资成本控制。

3. 签署投融资合同，建立投融资数据库

管理会计人员通过投融资管理平台收集投融资双方的数据，为双方提供可供双方借鉴的投融资合同。在此之前，管理会计人员需要将投融资合同投递给保险、担保等中介机构，对合同进行相应的修正和调整。在审定投融资合同后，管理会计人员可以将合同发送给对方，待双方完成投融资合同签订后，将合同存入投融资数据库，为后续投融资合同的制定以及相关投融资决策的执行提供数据支持。

（二）投融资资金发放与吸收

管理会计人员在平台中可以代表企业扮演投资者，也可以代表企业扮演融资者，完成资金的发放或吸收过程，促进资金的合理配置，为提高企业的经济效益、合理控制投融资成本采取相应的措施。首先，管理会计人员根据个人的投资预期，包括企业红利、投资周期和投资金额等方面的预期，作出投资判断。其次，管理会计人员可以登录投融资管理平台，将本企业的投资金额签订到相应的模块中，定期将签订的投资合同转发给银行，让银行对投资信息合同进行审核。在合同审核结束后，管理会计人员可以通过投融资平台选择相应的投资渠道，定期获得该平台提供的企业股权、企业红利以及银行利息等。

（三）投融资资金数据处理

1. 数据区块链组的构建

（1）基本数据链。基本数据链涉及投融资双方、银行和政府。基本数据链的核心节点是资金提供主体和资金需求主体。基本数据主要分为两类，其一是所有参与者的基本数据，包括企业借款人的财务数据、资信数据以及经营数据等。这些基本数据的来源为政府、互联网平台、银行等数据库。其二是投融资双方的基本数据，包括双方在资金方面的用途、周期以及获利等数据，这些信息由投资双方协商决定。

基本数据链的区块数据随着交易数据的更新而实时更新，并将更新的数据传送到全网中，在通过节点验证后，通过共识算法选取相应的节点，进行针对性区块链基础数据更新。就投融资双方而言，两者可以通过运用数据链，在获得该链中非对称加密技术保护的同时，有利于双方通过数据链更为深入地掌握双方与财务相关的数据，真正做到知己知彼，提前对投融资过程中可能出现的风险进行规避，制定最优的投融资策略，降低投融资风险和成本。

（2）交易数据链。交易数据链是该区块链组的核心，主要由投融资双方共同管理。交易数据链的区块代表的是每次的交易记录。在融资过程中，每发生一笔交易，交易数据链的节点就会接收交易产生的数据，并将完成验证的数据传送到下一个节点。在交易数据链中的各节点完成相应的数据验证后，交易区块链的共识机制根据节点验证数据的完成时间，将这些数据打包到相应的交易链上，保证这些交易链上的资料可被拷贝，方便投融资双方对这些数据进行收集、读取、分析。此外，当某个节点的数据发生变化时，整条交易数据链中的数据均会发生变化，完成数据的实时更新。投融资双方可以通过数据变化的轨迹，判断交易的真实性，从而有效降低投融资交易风险和成本。

（3）资金数据链。资金数据链负责的主体有三个，分别是银行、投资方和融资方。资金数据链的节点是投融资双方，其区块代表的是投融资双方的资金流转数据。投融资双方均需要在银行中设置资金账户，方便投融资资金的流动。在资金数据链中，投融资双方发生的任何一笔资金的流动均被监督，并引起相应资金额度的变化，这笔资金的用途同样会受到监控。投融资双方任何一方的资金发生变动，都会引起各自资金账户额度的变化，这种变化会通过节点的验证，打包到资金数据链中，受到银行以及账户的监管。在实际的监管过程中，一旦资金需求主体出现违反投融资合同的情况，如资金未按合同约定的用途使用，则资金提供者有权对资金需求主体进行警告，并对资金需求者的账户进行冻结。通过资金数据链，管理会计人员可以保证企业所投资金的合法性、安全性，降低企业在投融资过程中的风险和成本。

（4）信用数据链。信用数据链涉及的主体包括投融资双方、银行和政府，节点是投融资双方，区块代表每个节点的信用状况。在建立信用数据链之前，投融资双方、银行及政府需要建立一个三者均认可的信用评价体系，并将该体系运用到投融资管理平台中。该信用评价体系具体的作用是对资金需求主体进行借款信用评级。假如资金需求主体按时还款，则该主体的借款信用评级就相对较高，可以获得更高的资金额度。资金需求主体的信用评级会通过节点验证，打包到信用数据链中，方便投融资双方、银行、政府提取这些信用数据。通过对资金需求主体进行信用等级评价，管理会计人员可以在短时间内选择最佳的资金需求主体，开展具有保障性的投资活动，降低实际投资过程中的风险和成本。

总之，区块链组的构建主要从基本数据链、交易数据链、资金数据链和信用数据链四个维度入手，对投融资双方（资金提供主体和资金需求主体）的数据进行监督与管理，从而最大程度上规避在投融资过程中可能出现的各种风险，有效降低投融资的风险和成本。

2. 数据的分享和管理

在分享方面，投融资管理平台在将基本数据链、交易数据链、资金数据链和信用数据链完成上链后，可以将这些数据链提交到平台的数据库中。上述四个数据链上的主体可以参与数据库关键数据的提取和分析。为保障主体提取数据的安全性，上述主体可以获取投融资管理平台提供的私钥，运用该私钥完成对应数据的提取和分析。

在管理方面，政府是整个投融资的监管者，负责监督整个投融资管理平台的运行状况，有权确保投融资数据的安全性。此外，银行在整个投融资平台中起着监督的作用，需要通过监督区块链数据的方式，保证投融资过程中相应数据的真实性和安全性。

总之，在开展数据管理与分享的过程中，管理会计人员可以通过本企业掌握的私钥，实现对上述四条数据链数据的收集和分析，找到最合适的资金需求主体或资金提供主体，最大限度地规避投融资风险，将投融资效益最大化。

第六章　大数据驱动下企业风险管理的创新实践

第一节　大数据对企业风险管理的影响

一、大数据给企业风险管理带来的机遇

（一）提供更多的风险信息资源

管理会计人员通过运用大数据技术可以收集海量的、全面的、实时的数据，为有效提高企业管理能力和抵御风险的能力提供强有力的数据支撑。具体而言，管理会计人员可以通过大数据收集企业内部、外部风险管理方面的数据。

从内部而言，管理会计人员可以通过数据采集工具 Flume 和各种信息系统收集企业内部与风险管理相关的数据。例如，管理会计人员通过运用 Flume 收集各种半结构化数据，包括音频、图片等，并对这些数据进行整理加工，分析数据异常情况，及时预见可能出现的风险，将相应的风险消除于早期阶段。再如，管理会计人员可以运用 MES、ERP 系统等，对企业内部的人力资源管理数据、融资数据、应收款数据等财务数据和非财务数据进行整理与分析，形成风险管理数据报告。一方面为企业管理者提供相应的风险

管理数据支撑；另一方面与企业管理者进行针对性协商，制定相应的企业风险管理策略，规避企业管理过程中可能出现的各种风险。

从外部而言，管理会计人员可以运用网络爬虫技术，在企查查、天眼查等平台上收集外部相关数据，如与本企业所从事行业相关的政策变动数据、宏观经济形势发展数据、市场调整数据等，形成风险管理数据报告，规避企业管理过程中企业外部可能出现的各种风险。

总之，管理会计人员运用大数据技术，能有效收集各种与风险有关的数据，制作相应的风险管理报告，辅助企业管理者进行风险管理，提高企业在管理过程中的风险应对能力。

（二）提高风险评估的科学性

提高风险评估科学性的重要前提是收集风险管理数据。管理会计人员将大数据技术应用于各种风险管理数据的收集，实现对关键性风险管理数据的提取、整理与分析，提高了预估风险的科学性。管理会计人员将大数据技术运用于风险评估方面，可以通过灵活运用多种数据分析方法，如关联规则分析方法、分类分析方法等，对海量的与风险管理相关的数据进行精准的统计分析、在线实时分析等，实现对风险管理数据的科学评估。以企业招标为例，管理会计人员通过数据挖掘和分析技术，可以发现在招标活动中出现的异常现象并及时防范风险。比如，管理会计人员通过大数据发现某一企业出现长期投标和中标的异常情况，则可以通过数据挖掘技术分析该投标企业的实际控制人，判断是否存在虚假投标的状况，及时给出相应的风险预警，将企业风险降到最低。总之，管理会计人员通过大数据可以有效收集与风险管理有关的数据，并在分析这些异常数据的过程中，科学地判断其中可能存在的风险，作出科学的风险预估，达到提高企业规避风险能力的目的。

（三）实现实时、动态风险预警

管理会计人员可以运用大数据实时、动态开展风险预警，即通过运用大数据实现对数据的监控，并通过建立不同数据之间的连接及时发现风险。具体而言，管理会计人员在进行企业内部控制过程中，可以分析员工实际操作与标准操作规程之间的偏差，如员工的工作效率与平均效率之间的差距，了解员工在工作中是否出现操作不规范或是开小差的情况，并结合实际对对应员工进行警告或劝勉，实现动态、实时的风险预警。

（四）实现风险管理与业务的全面融合

在融合业务与风险管理的过程中，管理会计人员通过大数据技术可以实现对日常业务活动的有效监管，让各部门在信息沟通方面形成统一的数据标准，推动各部门之间业务数据的共享，有效实现对各部门数据的整体化分析。此外，管理会计人员可以将风险管控融入企业业务流程的数据分析，深入分析业务流程中与风险管理相关的关键节点，并着重从事前、事中和事后三个方面，对与风险管理相关的业务内容进行重点分析，形成闭环的业务风险管理机制，将风险管理纳入业务经营活动中，全面提高风险管理的水平。

二、大数据给企业风险管理带来的挑战及应对策略

（一）大数据平台搭建问题及应对策略

在进行大数据平台搭建过程中，管理会计人员需要面临平台搭建成本高、搭建周期长、平台搭建专业人才缺乏的问题。为解决这些问题，管理会计人员可以将大数据平台的搭建纳入企业战略目标，提升对大数据平台搭建的重视度，为建设该平台提供企业的优质资源。具体而言，管理会计人员可以从如下三个方面切入。第一，针对平台搭建成本高的问题，管理会计人员可以结合企业实际发展情况，合理调配资金，达到搭建大数据平台的目的。第二，针对搭建周期长的问题，管理会计人员可以让管理层组成大数据平台小组，充分利用小组的职能优势，通过结合本企业的业务经营、内部控制流程、信息系统等，设计出有利于风险管理水平提高的大数据平台。第三，针对专业人才缺乏的问题，管理会计人员可以在取得企业管理层的支持的情况下，引进专业人才，建立与大数据平台搭建相适应的组织机制，解决在大数据平台搭建中存在的人才缺乏问题。

（二）经验决策和数据决策的结合问题及应对策略

随着大数据在企业风险管理方面应用的深入，企业风险管理方式逐渐向数据驱动业务、数据驱动管理的方向转变。需要注意的是，管理会计人员需要意识到，数据虽然可以为决策提供依据，但是这并不意味着决策要完全依赖数据，因为一旦部分风险管理数据失真，可能会导致管理者在风险管理方面作出错误的决策。因此，管理会计人员需要寻找经验决策和数据决策间的平衡点。为了达到这个目的，管理会计人员可以组建由大数据技术人员、内审人员、业务骨干、高层管理者组成的大数据风险管理小组，结合长期从事风险管理工作的人员的经验，对数据所反映出的风险进行针对性商讨，得出稳妥的结论，提高企业风险管理决策的正确性。在这个过程中，管理会计人员需要充分发挥自己在小组中的作用，分析造成数据异常的原因，在大数据技术人员、业务骨干以及高层管理者的帮助下对出现的问题进行合理判断，真正让大数据更好地为风险决策服务。

（三）数据安全问题及应对策略

大数据主要获取两方面的数据：其一是企业内部的数据，如业务数据和财务数据；其二是企业外部数据，如国家经济发展数据、行业数据和竞争者发展数据等。这些数据复杂，存在一定安全隐患。为排除安全隐患，管理会计人员需要与企业管理者协商，定期组织大数据安全审计工作，结合企业实际搭建风险管理系统，开展多种形式的大数据安全审计工作，有效排除大数据平台安全隐患。具体而言，在组织大数据安全审计工作的过程中，管理会计人员要对企业风险管理系统进行全面把握，包括对系统内的内容修改、数据访问、数据管理等权限，收集的内外部数据是否具有统一格式等进行相应的检查。在此之后，负责审计的相关人员需要出具相应的大数据系统安全审计报告，保证大数据得到全方位检测，达到有效应对大数据平台安全风险的目的。

第二节　大数据驱动下企业风险管理模式创新

一、大数据驱动下企业风险管理模式创新总体思路

管理会计人员可以运用大数据实现对企业风险管理系统的重构，并运用大数据思维和技术，完成大数据思维下的风险管理观念升级，构建企业风险管理新模式。简而言之，大数据驱动下企业风险管理模式的总体架构分为构建风险管理大数据处理中心、风险预警模型、风险管理系统三大部分。管理会计人员需要将三部分内容融入风险管理模式控制的事前、事中以及事后三个阶段，基于大数据技术有效开展风险管理。

管理会计人员运用大数据开展风险管理，提升数据分析能力和数据采集能力，使得本企业的监督功能和风险预警功能得到提升。通过运用大数据技术，如机器学习技术、社会网络分析技术、自然语言处理技术、可视化技术等，管理会计人员可以有效提高对风险管理数据的分析能力与应用水平。此外，管理会计人员通过运用这些技术可以有效实现风险管理，从源头上提高风险管理监督功能和预警功能。更关键的是，借助大数据技术，管理会计人员可以在事前、事中和事后进行风险管理，并实现企业内部和外部数据的连接，充分利用外部数据，如宏观经济数据、行业数据、供应商数据等，实现数据分析能力的提升，提高企业抵御风险的能力。

二、大数据驱动下企业风险管理模式创新的落实

（一）大数据驱动下企业风险管理模式创新路径

为了进行基于大数据技术的风险管理模式创新，企业管理者和管理会计人员需要重塑风险管理理念，构建风险管理数据共享平台，利用大数据技术对风险管理数据进行针对性整合、分析，提高风险管理的预警能力。在创新风险管理模式的过程中，企业管理者以及管理会计人员可以从重塑风险管理

理念和构建风险管理数据处理中心两个方面切入。

1. 重塑风险管理理念

企业管理者以及管理会计人员需要树立全局观念，在创新风险管理模式的过程中，养成综合性、实时性和全程性的管理思维。在进行风险管理模式的建设过程中，企业管理者以及管理会计人员需要站在企业的角度，以全局的视角考虑风险管理问题。为了促进风险管理的全程性、全局性开展，管理会计人员需要结合本企业的实际发展水平，采用统一的数据标准和处理方法，以企业风险管理数据为核心构建内外部数据采集、存储和处理系统，实现对风险管理的全程监控，提升本企业抵御外部风险的综合能力。

2. 构建风险管理数据处理中心

（1）完善人员配备。风险管理数据处理中心的作用有两个：一是对海量的企业内外部数据进行采集、清洗、存储、分析和反馈；二是对风险事件进行事前、事中和事后处理。风险管理数据处理中心的这些功能决定了它需要完善人员配备。

①技术人员。引入技术人员，有两个方面的原因。一方面技术人员可以根据实际的数据中心运转情况，提出优化的建议和方案，并将这些方案落地，促进数据处理中心最大限度地发挥功能；另一方面这些技术人员可以对数据处理中心进行安全隐患的排查，及时对存在安全隐患的数据或是软件进行处理，保证此数据处理中心的安全、平稳运行。

②复合型人员。复合型人员主要是指具备技术、业务能力和风险管理能力的复合型人才，是数据处理中心的核心力量，有利于提高数据的管理效率和效果。具体而言，复合型人员的重要性主要体现在三个方面。首先，复合型人员可以利用懂风险管理的优势，根据企业内外部数据的类型和特征，识别造成风险的关键性数据；其次，复合型人员可以根据关键性风险管理数据的特点，灵活制定对应的风险管理工作方案，或设计相应的软件，提高对风险管理数据的识别效率；最后，复合型人员在识别风险管理数据后，可以运用相关知识对数据进行解读，凭借个人的技术优势，寻找数据出现异常的原因，

真正实现对风险的有效识别，降低企业在管理中出现各种意外情况的概率。

③技术顾问。除了配备具有较强执行力的技术人员和复合型人员，还需要引入技术顾问，尤其需要引入具有风险管理方面经验的专家级技术顾问。专家级技术顾问一方面可以从企业战略全局的高度，思考风险管理数据处理中心的问题，满足企业现阶段以及未来的发展需求；另一方面因为部分技术人员和复合型人员缺乏足够的理论和技术基础，在处理一些棘手的数据问题时难免会不知所措，专家级技术顾问可以凭借自身多年的理论知识和实践经验，辅助他们解决棘手的问题，推动数据处理中心的平稳运行。

总之，在配备风险管理数据处理中心人员的过程中，企业管理者以及管理会计人员需要认识到不同人员在数据处理中心的作用，合理配置不同人员的比例，保证风险管理数据处理中心平稳运行，提高企业甄别、应对各种风险的能力。

（2）设计工作内容。风险管理数据处理中心的工作内容主要是通过数据中心的信息流，得到事前、事中和事后的全生命周期风险管理数据，并将其进行可视化展示。风险管理数据处理中心的工作内容主要包括如图 6-1 所示的五个方面。

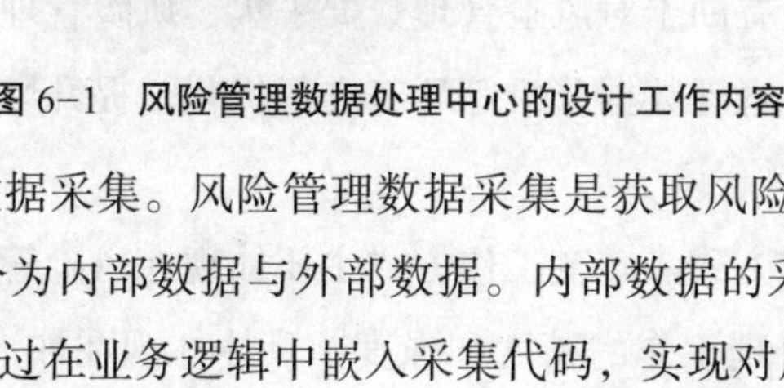

图 6-1　风险管理数据处理中心的设计工作内容

①风险管理数据采集。风险管理数据采集是获取风险管理数据的过程。风险管理数据可分为内部数据与外部数据。内部数据的采集采用的是埋点采集的方式，即通过在业务逻辑中嵌入采集代码，实现对风险管理数据的采集。外部数据的采集采用的是爬虫技术，通过此技术实现大规模的授权数据采集，包括对上下游单位的数据的采集。

②风险管理数据清洗。内外部风险管理数据的处理容易产生较大的噪声，需要对风险管理数据进行清洗。具体的清洗包括对非结构化数据进行

预处理。在实际的预处理中，往往会出现如下两种问题：一是风险管理数据中的缺失值、异常值和重复值影响数据分析的准确性；二是风险管理数据中不同数据量纲差异过大，导致无法有效对这些数据进行标准化，从而影响风险管理数据分析活动的开展。为了解决上述问题，在实际的风险管理数据清洗环节，相关从业者需要运用 Power BI 的 Power Query 模块、NumPy 库、Pandas 库等工具，通过执行行列操作、哑变量处理以及数据分箱等操作，对海量风险管理数据清洗，提升数据的标准化程度，为后续数据的存储创造条件。

③风险管理数据存储。在完成数据清洗工作后，需要解决的关键问题是风险管理数据的存储。为了有效地应用风险管理数据，即通过分析风险管理数据，实现对风险的甄别，企业需要存储风险管理数据。在实际的数据存储过程中，企业需要根据经济实力，选择合适的存储方式。企业可以从常见的数据存储方式，如云存储和大型实时数据库存储等数据存储方式中，选择合适的数据存储方式，实现对风险管理数据的存储。

④风险管理数据分析。风险管理数据分析的作用是将存储的数据变成有用的数据。数据分析主要是借助社会网络分析技术、自然语言处理技术、机器学习技术、RPA 技术，对具有较强时效性的风险管理数据进行分析，制作风险管理报告。

⑤风险管理数据反馈。风险管理数据反馈是将风险管理数据报告反馈给管理部门，实现对风险的及时管理，有利于降低风险出现的可能性。另外，风险管理数据反馈有助于对风险管理数据采集、风险管理数据清洗、风险管理数据存储、风险管理数据分析等环节进行优化，提升风险管理数据处理中心的工作效率。

（3）转变工作方式。转变工作方式主要体现在风险管理数据处理中心极大地提高了风险管理工作的精度和强度，具体体现在如下几个方面。首先，数据处理中心具有智能化和自动化的特点，可以实现不间断的风险管理数据反馈。其次，运用 RPA 技术、埋点采集技术、爬虫技术等，可以不间断地对企业内外部数据进行采集。再次，数据中心的各业务部门可以实现对相应数据的建模，完成对各风险管理数据的及时性、全程性监控。最后，通过实时监控形成相应的数据清单，可以对现有可能存在风险的行为进行有效预警。总之，建设风险管理数据处理中心，企业可以在一定程度上实现风险管理工作强度的增加和效率的提升。

（二）大数据驱动下企业风险全流程管理模式

大数据驱动下企业风险管理模式创新的结果是形成一个针对企业风险管理的全流程管理模式，具体包括事前控制、事中控制和事后控制，即形成闭环管理，这样有利于提升企业整体的风险管理水平。

1. 事前控制

在事前控制过程中，企业管理者和管理会计人员可以利用大数据技术等多种技术，实现对海量数据的挖掘和整理，并在此基础上，实现风险管理预警。在实际的执行过程中，企业管理者和管理会计人员可以通过大数据技术，借助现阶段的机器学习技术，对风险管理数据进行业务类型的分析，通过设定相应的风险预警模型，实现对风险的事前控制。在构建风险预警模型的过程中，企业管理者以及管理会计人员需要着重考虑以下几点。

（1）风险预警模型数据收集。数据是建立风险预警模型的基础。风险预警模型数据收集主要包括风险管理数据的类型、风险数据收集的规则两部分内容。在收集风险管理数据时，企业管理者以及管理会计人员需要结合技术人员、复合型人员以及技术顾问的建议，设定数据引入规范，使所收集的数据划分成整体层面的战略数据和局部层面的业务数据与财务数据。在实际的风险数据收集内外部规则制定过程中，企业管理者以及管理会计人员可以采用决策树模型算法，借助自动化规则挖掘技术，结合不同的业务目标，设计相应的数据收集规则，如供应链上下游企业协作风险规则、投资风险预警规则、评分规则、欺诈检测规则等，对风险管理数据类型进行详细划分，促进后续风险管理工作的顺利进行。

（2）风险预警模型参数调试。为了实现风险预警，相关技术人员需要调整模型参数，达到调整模型复杂度和精度的目的，实现对相关数据的合理分析和预测，为下一阶段的模型自我优化提供数据支撑。

（3）风险预警模型自我优化。为了实现风险预警模型的自我优化功能，相关技术人员可以在模型中植入自适应软件，让其结合实际的反馈信息、应用此软件的人员的工作习惯、现阶段数据特点，对现阶段的风险预警模式进行不断优化，进一步强化该模型的实用性，提高模型的预警能力。

（4）风险预警模型数据反馈。在风险预警模型数据反馈的过程中，相关技术人员可以将关键风险事项、风险影响范围、风险责任人和风险环节通过可视化的方式呈现出来，让企业管理者以及管理会计人员可以及时预知相应的风险，采取应对措施。在具体的模型数据反馈方面，相关技术人员可以通过三种方式将风险管理数据进行可视化呈现。

①进度看板。相关技术人员可以设计进度看板，通过对比数据，发现数据差异，及时进行相应的数据预警。具体而言，相关技术人员可以设置当日的进度看板，将与当日内容相符的进度看板设置到显示屏上，让企业管理者以及管理会计人员了解各种生产数据。

②各种图形。相关技术人员可以结合风险管理数据的类型，灵活选择合适的图形呈现方式，如饼图、散点图、仪表盘、词云图、折线图等，更直观地呈现所要表达的内容，为后续风险管理政策的制定提供依据。

③颜色提醒。相关技术人员可以根据风险等级设置不同的颜色，如用红色表示重大风险，用黄色表示一般风险，用蓝色代表潜在风险等，让相应的企业管理者及时接收到相应的风险预警，提前制定应对风险的策略，将企业损失降到最低。

除此之外，在风险预警模型的构建过程中，企业管理者以及管理会计人员可以结合实际工作需要，让相关技术人员将流程自动化技术融入其中，设置数据自动反馈机制，第一时间将与风险管理相关的数据传递给对应的责任人，有效规避风险。

2. 事中控制

事中控制是指管理会计人员以及风险管理人员对事前发现的存在潜在风险的事项进行实时监控。事中控制着重对存在潜在风险的关键环节和关键事项进行监控。一旦出现风险，大数据技术会在第一时间接收到相应信号，并将信号立即传递给风险管理系统。与此同时，信号还会传递给专业人员，如风险管理人员、管理会计人员等，方便后续风险管理方案的制定。在事中控制中，主要包括关键风险点的实时监控和风险应对策略的智能化分析两大部分。

（1）关键风险点的实时监控。关键风险点实时监控主要是运用机器学习技术，对事前预警中涉及的关键风险点进行实时监控，将风险管理关口前移，提高风险管理人工干预与应对工作的及时性、主动性。关键风险点实时监控主要由如下三部分构成。

①形成重点实时监控风险对象清单。风险管理数据处理中心一方面是对企业中的常规业务进行监控；另一方面是根据事前控制识别出的潜在风险，形成重点实时监控风险对象清单。

②设计动态风险监控规则与指标。相关技术人员可以在管理会计人员以及风险管理人员的协助下，针对重点实时监控风险对象清单上列明的具体风险事项和监控流程，借助机器学习技术搭建模型，设计相应的动态风险监控指标与规则。值得注意的是，运用机器学习技术搭建的模型具有自我学习和自我成长的特征，可以有效学习动态风险监控指标和规则，并结合风险事项的变化，对现有的风险监控指标和规则进行动态化重构与优化，实时监控具体风险事项。

③实时绘制风险坐标图。基于机器学习技术的模型可以按照风险发生的可能性以及具体的影响程度，生成不同颜色的提示，为进行人工干预提供可视化的实时风险坐标图。具体而言，在实时监控过程中，借助基于机器学习技术的模型可以分析风险发生的可能性以及影响程度，通过可视化技术制作出相应的风险坐标图（此坐标图用不同的颜色表示不同的风险等级）。

此外，关键风险点的风险等级不同，所采取的应对方案也不同。风险管理者以及管理会计人员可以根据不同的风险等级灵活选择不同方案。常见的方案有风险回避方案、风险降低方案、风险分担方案等。如何选择合适的方案成为防范、化解关键风险的关键，这也要求企业具有相应的决策智能分析系统。

（2）风险应对策略的智能化分析。决策智能分析系统的建立主要是用于对各种应对风险的策略进行智能化分析，辅助风险管理者以及管理会计人员更好地进行决策选择。此系统在对应对风险的策略进行智能化分析的过程中，结合大量的历史数据，以及企业发展的长远目标，提出两到三个具有针对性的方案，由工作人员从这几个方案中选择最终方案。借助决策智能分析系统来制定方案，可以大大提高事中风险控制的效果。

3. 事后控制

风险管理工作的事后控制主要是对事前控制和事中控制的总结、分析和评价。风险管理工作事后控制的意义是既可以提高风险管理工作的效率，又能够形成闭环式的风险管理模式，有利于促进风险管理者以及管理会计人员风险管理方面的综合能力的增强。风险管理工作的事后控制主要是由风险管理系统执行。

（1）形成非标准化风险管理报告。风险管理系统在形成非标准化的风险管理报告时，可以借助其系统中的自动化流程，将风险管理报告发送给相应的使用者。除了进行电子版的非标准报告制作，此系统还可以借助可视化技术和语音自动播报功能，实现视频化的非标准风险管理报告制作。此外，相关技术人员可以将自然语言处理技术引入此系统，以便于相应报告的拟定。具体来说，风险管理系统可以使用自然语言处理技术自动生成不同类型的风险管理报告，如岗位层面、业务层面和企业层面等。因为风险管理报告借助的是自然语言处理技术，所以在减少分工编写以及校对时间的同时，能有效提高风险报告内容的准确率和及时性。

（2）开展事后历史风险事件分析。风险管理系统可以历史风险管理数据为分析依据，制作相应的报告，为后续风险管理提供借鉴。值得注意的是，风险管理系统同样可以运用自然语言处理技术实现对文本的读取，以风险事件发生的原因为依据对其进行分类，并着重从造成风险的因素和次数入手，制定风险因素分布图，方便管理会计人员和风险管理人员识别造成风险的主要因素以及存在的主要风险事件。

（3）建立风险管理业绩评估模型。风险管理系统可以结合风险管理数据处理中心的各种数据，以及系统日志的大量元数据和其他数据等，分析在各流程节点上预警涉及的具体岗位、具体事项造成损失的定量估算、采用的具体应对措施、接到预警的时间等评价因素。此外，该系统还需要对出现风险事件后相关责任人所采取的措施以及采取措施的时间等进行分析。在整理上述数据的过程中，该系统可以结合这些因素的权重，建立相应的风险管理业绩评估模型，对相关负责人进行针对性的风险管理业绩评价。该风险管理业绩评价结果可以作为该负责人职位晋升和人员薪酬提升的重要依据。

第三节　大数据驱动下企业风险管理的实施路径

一、大数据背景下企业风险管理的特点

（一）企业风险管理的数据综合性

企业风险管理的数据综合性主要体现在所处理数据的类型以及来源的多元性。企业内部数据包括传统的结构化数据，如报表等。企业外部数据包括各种非结构化数据，如历史数据、预测数据，还包括与外部机构，即与行业协会、政府、客户和供应商对接产生的各种数据。企业管理会计人员需要运用大数据技术对类型和来源多样的数据进行综合性分析，有效识别其中的风险，实现综合性的风险管理。

（二）企业风险管理的技术前瞻性

企业风险管理使用具有前瞻性技术，可以对企业风险进行预警，将企业损失降到最低。因此，管理会计人员可以通过引入大数据技术，运用其能高速处理数据的特性，有效解决在风险管理过程中出现的数据缺乏等问题，及时对可能出现的风险进行预警，让相应负责人提前做好相应的准备，将企业损失降到最低。

（三）企业风险管理的技术复杂性

企业风险管理的技术复杂性主要体现在如下两个方面。首先，大数据计算的复杂性，主要包括系统、计算和数据三个层面。其次，数据信息的复杂

性。数据信息具有价值密度低、规律性差的特性，即相关技术人员无法通过简单地分析几个数据找出有价值的内容，技术人员需要使用数据清洗和筛选功能，筛选出有价值的数据。

二、大数据背景下风险管理的实施路径

（一）基本原则

大数据背景下风险管理的基本原则主要有如下几点。

1. 融合性原则

融合性原则主要体现在运用大数据技术可以实现对风险管理数据的整合和分析，发现可能出现的风险上。具体来说，企业管理会计人员可以通过大数据技术全面整合和分析各种数据，如各部门的经营管理数据，最大限度地发现其中存在的风险。总之，管理会计人员通过运用大数据技术，实现对多种数据的分析，最终实现风险管理。

2. 全面性原则

全面性原则着重强调更为全面地收集多种管理数据。从时间的角度来说，大数据收集的数据需要包含企业过去、现在的数据。从空间的角度来说，大数据需要收集的数据包括：企业内部数据，即各部门的数据；外部数据，即来源于企业外部的各种数据，如竞争者数据、行业发展数据、经济发展数据等。总之，收集更为全面的数据有利于最大限度地发现潜在的风险。

3. 重要性原则

重要性原则是指数据的价值密度相对较低，即虽然数据数量大，但是可用的数据相对较少。这要求管理会计人员运用大数据技术筛选出最重要的数据，重点对有价值的数据进行分析。

4. 平衡性原则

在运用大数据技术进行企业风险管理的过程中，企业管理者和管理会计

人员需要在获取的收益与付出的成本之间寻找平衡点，既要让企业获得相应的收益，又要考虑企业付出的成本，实现企业风险管理效益的最大化。这体现了企业风险管理的平衡性原则。

（二）实施框架

实施框架主要分为三部分，分别是基础设施平台、大数据技术、风险管理应用。基础设施平台主要是指大数据技术的硬软件基础，主要包括数据采集引擎、基于 Hadoop 的存储引擎、开放数据库等。大数据技术主要是指数据的采集、存储和提取方面的技术。风险管理应用活动主要是以企业战略目标为方向，结合风险类型和等级，持续性地进行风险的评估和预测，超过预警临界值的风险可以触发风险管理数据处理中心的反馈机制，从而将相应的风险及时反馈给对应部门，让这些部门及时采取相应措施，第一时间化解风险。

（三）大数据技术和风险管理流程的结合

在大数据的驱动下，我国企业在管理会计工具应用方面出现两大趋势。其一是企业建立财务共享中心，注重业财融合，借助大数据技术进行数据挖掘、数据结构和权重的分析；其二是企业应用风险管理机制，落实风险识别、量化评估、风险应对、监督改进的风险管理路径。管理会计人员可以在风险管理中运用大数据技术，遵循大数据风险管理的基本原则，充分发挥数据资源优势，实现对不同时空数据的分析，有效识别风险数据，并进行针对性处理。在实际风险管理的过程中，管理会计人员可以借鉴如图 6-2 所示的方式。

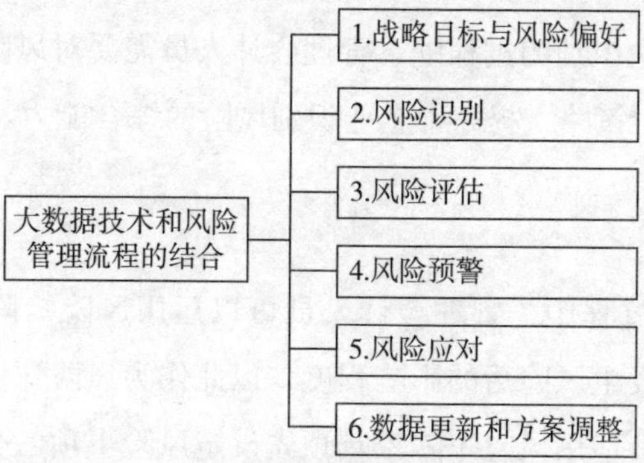

图 6-2　大数据技术和风险管理流程的结合

1. 战略目标与风险偏好

在应用大数据开展企业风险管理模式创新过程中，管理会计人员需要让风险管理活动为企业的战略目标的实现服务，灵活设定风险管理目标，应对可能出现的不同类型的风险。为了有效识别和评估风险，管理会计人员需要利用大数据技术，建立不同类型的风险管理标准，以获得良好的风险管理效果。

2. 风险识别

风险识别需要遵循全面化原则，即对风险事项进行全面识别与预警，降低因风险而可能产生的经济损失。在具体的风险事项识别方面，管理会计人员可以将风险事项分成如下类型。其一是明确风险因素的风险事项。针对这种风险事项，管理会计人员需要了解事项产生的原因、影响范围，在此基础上制定符合企业实际水平的风险应对策略。其二是尚未明确风险因素的风险事项。针对这种风险事项，管理会计人员需要充分发挥风险管理数据处理中心的作用，与各部门进行沟通，了解此种风险事项产生的前兆，及时进行识别，并调动企业的优势资源进行相应解决，从而维护企业的各种资产和信息安全。其三是可能存在的风险事项。随着企业业务范围的不断扩大以及收集外部数据数量的增多，企业面临各种未知风险的可能性逐步增大，因此管理会计人员需要充分运用大数据技术，在更大的范围内进行风险数据的收集，并制定各种应对措施，即通过提前准备的方式，防范企业在未来运营中可能出现的各种风险。

总之，在风险识别的过程中，管理会计人员需要对风险事项类型进行识别，采取相应应对策略，提高本企业识别风险的综合能力。

3. 风险评估

在风险评估过程中，管理会计人员可以运用风险矩阵工具，分析风险发生的可能性和发生风险后的影响程度，以此作为风险评级的重要依据。首先，管理会计人员运用风险矩阵工具预先设定风险事项的分类标准，以风险类型为依据设置不同的权重。其次，管理会计人员可以通过建立数学模型，评估各种风险事项的影响因素。最后，管理会计人员可以通过大数据技术实现对不同来源数据的交叉比对，通过数据收集和分析技术，对造成风险的因素形成更为全面的认知，从而让风险评估更具有针对性。

4. 风险预警

在进行风险预警的过程中，管理会计人员可以遵循重要性和平衡性原则，既要寻找有价值的数据，又要寻找成本与效益的平衡点，建立相应的风险预警机制，以便在第一时间发现风险事项，在第一时间应对风险。具体而言，管理会计人员在进行风险预警的过程中，需要寻找最有价值的风险数据，进行重点监控和分析。首先，管理会计人员可以利用大数据技术，制定更为客观和细致的指标体系，不断适应企业内外部的环境，适应不同的风险主体。其次，管理会计人员需要利用大数据设定不同风险事项的预警临界值，从定性和定量两个方面对风险事项进行评判，提高风险预警的精准性和高效性。最后，管理会计人员还可以运用大数据建立责任分配机制，明确风险事项负责的主体，结合各主体在应对风险中的表现，进行针对性的绩效评估，激发各主体应对风险的积极性，达到良好的风险预警效果。

5. 风险应对

风险应对是风险管理的重中之重。在实际的风险应对过程中，管理会计人员需要根据现有的数据和报告进行相应风险应对策略的制定。风险类别主要分为两类。第一类，机会性，或是有利因素带来的风险。针对这种风险，管理会计人员可以运用大数据技术采用转移、规避、接受等方式应对。第二类，威胁性，或是不利因素带来的风险。在面对此类风险时，管理会计人员可以在大数据技术的帮助下灵活采用承担、转换、补偿和对冲的方式应对。

在遇到上述两类风险时，管理会计可以按如下四个步骤来化解风险。首先，沟通。管理会计人员在发现风险事项时，需要第一时间通过风险管理数据处理中心与各部门取得联系，进行必要的沟通，在相应政策执行过程中得到各部门的支持。其次，比较。在与各部门进行沟通的同时，管理会计人员需要通过大数据评估风险事项可能造成的影响，充分结合本企业处理类似风险事项的经验以及同行业企业处理该类危险事项时依据的标准，通过数学模型对各种决策产生的影响以及具体的决策实施结果进行比较与分析，选出最为合适的应对方案。再次，执行。在风险应对过程中，管理会计人员需要让各部门了解应对方案的具体执行步骤，督促各部门的协同配合，实现对风险事项的高效应对。最后，存储。管理会计可以将整个风险事项的处理过程上传到风险管理数据处理中心，建立与此种风险事项相类似的风险的触发机制，为以后应对类似风险事项提供参考。

6. 数据更新和方案调整

风险数据的更新以及风险预警方案的制定是提高未来风险应对能力的关键。为了更有效地掌握与风险事项相关的数据以及制定更合理的方案，管理会计人员需要运用大数据了解最新的风险事项类型，并通过动态跟踪的方式了解风险产生的原因以及可以采取的措施。此外，管理会计人员可以将风险数据上传到风险管理数据处理中心，促进企业此类数据的更新。然后，管理会计人员需要根据已经更新的数据，进行应对风险方案的调整，即通过大数据中的模拟运算功能，分析调整后的方案在应用过程中可能出现的附加风险和剩余风险，从而制定更有效的风险应对方案。总之，将大数据技术应用在风险应对方面，其优势是可以实现对风险数据的持续性分析以及对风险应对方案的不断调整，并充分借助大数据技术的预测和分析功能实现相应方案的拟定，提高企业应对风险的综合能力。

（四）大数据环境下保障信息安全的方法

大数据环境下，为保障信息安全，主要采取如下三种方法。其一，静态化防护。为了保证企业各项数据安全，管理会计人员需要在专业技术人员的帮助下，明确相关人员登录风险数据管理中心的权限，结合企业实际设置相应的防火墙，保证企业内部数据以及风险管理数据不被泄露，保障企业的信息安全。其二，动态化防护。管理会计人员在进行动态化防护的过程中，既要结合实际的数据变化情况进行针对性的系统维护与升级，及时发现、排除相应的信息安全隐患，又要详细记录系统的数据变化情况，如对修改记录、访问地址、访问者进行针对性记录，及时分析访问者是否存在非法读写的情况，并针对改写行为设置文本框弹出提醒功能，提高信息访问的安全性。其三，备份化防护。管理会计人员通过备份的方式可以为企业的数据防护提供“双保险”，使企业重要数据被破坏后可以快速恢复。

三、大数据环境下风险管理路径的评估

对大数据环境下风险管理路径的评估，不仅可以辅助风险管理者以及管理会计人员更全面地把握企业整体风险，还能推动风险管理者以及管理会计人员从局部对现有的风险管理系统进行优化和升级，促进风险管理质量的提升。在实际的风险评估过程中，企业可以从经营管理层面和数据技术层面进行评估。

（一）经营管理层面

1. 效果评价

在效果评价过程中，管理会计人员可以从人、财、物三个方面对风险管理效果进行针对性评价，将风险管理效果集中呈现在风险对象管理上。在人的方面，企业需要从风险管理者以及管理会计人员在面临风险事件时是否采取措施、采取措施的合理性以及采取措施所取得的客观效果三个角度评价。在财的方面，企业需要着重从企业投入的资源、资金等方面考虑，综合运用大数据技术分析取得效果与投入之间的关系，通过对两者的综合性评价，让企业风险管理者以及管理会计人员遵从平衡性原则，合理控制资金、资源等“财”的投入，从而达到最佳的效果。在物的方面，企业需要从风险管理的实际入手，考虑风险管理是否真正消除了安全隐患，风险管理等级以及临界值的设置是否恰当，以及针对不同风险类型制定的风险应对策略是否合理等。总之，企业可以从人、财、物三个方面对企业风险管理者以及管理会计人员的工作效果进行评价，在进行风险管理时平衡好效益与成本，使企业的各项资源更好地为风险管理服务，提高风险管理的整体效益。

2. 流程评价

在流程评价过程中，企业需要从实际执行、企业特点以及相关规定三个方面进行。在实际执行方面，企业需要了解企业风险管理者以及管理会计人员是否根据已经变化的风险数据，对现有的风险管理策略和方法进行针对性调整，并对此过程进行评价。在企业特点方面，因为每个企业自身发展实际不同，所以企业在进行风险管理流程评价时需要避免传统的“一刀切”的评价方式，应立足企业发展特点，让企业风险管理者以及企业管理会计人员真正从优化现有流程入手，提高企业抵御各种外部、内部风险的能力。在相关规定方面，企业可以以风险管理制度、风险应急计划、风险管理三方协议等为标准，对现有的风险管理流程进行评价，并通过评价找出流程存在的漏洞，设计出精简、高效的风险管理流程，提高企业的整体应对风险的能力。总之，在进行流程评价时，企业需要立足自身特点，着眼于发展实际，并结合相应的制度，灵活进行相应的流程评价，简化烦冗的流程，促进风险管理流程的优化升级。

3. 组织评价

企业组织是一个以企业全体人员为主体，由人和物按照一定关系组成的有机组合体。企业全体人员围绕企业的共同目标，建立组织结构，确定职位，划分职责，交流信息，沟通协调，形成自身的规范和文化，以团结全体人员，获得最大效益。风险管理中的组织评价可以从全员和部门两个层面着手。在全员层面，企业需要对全员的风险意识进行测评，了解风险管理部门风险知识的宣传情况，以此作为考核的重要依据，激励员工参与风险管理。在部门层面，企业需要对风险管理部门组织机构设置情况，各部门间沟通机制、协同机制以及相应的责权机制的建立情况等进行相应的评价，提出相应建议，以期发挥各部门的合力。企业借助组织评价，既从整体上了解了企业员工的风险意识，促使全体员工树立了风险管理理念，又促进了部门结构的优化与各部门之间的协同，从而提高了企业整体抵御风险能力。

（二）数据技术层面

数据是开展风险管理的抓手。风险管理者需要将收集的数据与现有风险管理数据进行对比，发现存在潜在风险的数据，再进一步对这些数据进行分析，制定应对策略。由此可见，数据对于整个企业的风险管理的重要性。企业需要重视数据，进行数据评价，完善与优化现有数据内容，从而提高抵御各种内外部风险的能力。

1. 数据内容评价

数据内容评价一方面是评价数据内容的获取标准，另一方面是评价数据内容的完整性和丰富性。具体而言，在数据内容获取标准方面，企业需要考核风险管理者以及管理会计人员所设定的数据内容精准度，考核是否有利于最大限度地获取更多数据，是否能提高风险判断的精准性。在数据内容的丰富性和完整性方面，企业可以邀请第三方数据评估机构对本企业的内外部数据进行评估。既可以对企业内部数据，如企业内部人员沟通记录数据、系统执行结果数据、各类报表数据、内部预算数据等进行评估，也可以对企业外部数据，如外部的行业、企业和政府数据等进行评估。通过第三方评估的方式，企业与风险管理相关的主体可以更立体地了解本企业在数据内容上存在的问题，制定相应的数据内容解决方案，发挥评价在数据优化方面的作用。

2. 数据分析评价

在评价风险管理相关责任主体的数据内容后，需要对相关责任主体的数据分析能力进行评估。企业可以通过大数据技术了解风险管理相关责任主体，准确分析风险数据的概率，以此作为考评的重要依据。另外，企业还需要根据考评结果发现风险管理相关责任主体在数据分析中存在的具体问题，并采取合理的措施，增强风险管理相关责任主体的数据分析能力。

3. 数据安全评价

企业在进行数据安全评价时，既可以根据现阶段抵御外界风险次数来评价，也可以通过与往年数据对比来评价。企业根据现阶段抵御外界风险次数来进行评价时，可以借助大数据，尤其是根据企业防火墙抵御外部入侵的次数，了解本企业抵御外部风险的能力。此外，企业还需要了解风险管理人员以及管理会计人员在应对各种风险时取得的效果。企业通过与往年数据对比来进行评价时，需要了解往年出现各种外部风险的次数以及成功抵御外部侵袭的次数，并将这些数据与现阶段的数据进行对比，对数据的安全性进行全面的评价。总之，企业可以从以上两个方面进行数据安全评价，对现阶段的数据安全水平形成较全面的认知，为后续的数据安全管理提供必要的支撑。

第七章　大数据驱动下管理会计创新实践的现状与发展趋势

第一节　大数据驱动下管理会计创新实践的现状

一、大数据为企业管理会计工具的应用插上翅膀

管理会计人员通过大数据可以充分发挥技术支持系统的优势，实现对业财数据的有效整合，将数据以报告或模型的方式呈现出来，对企业生产活动进行记录、监测、分析，为后续各种管理策略的制定提供建议，助力企业健康、良性发展。

二、大数据促进管理会计全面发展

大数据促进管理会计全面发展中的“全面”主要指的是如下三点（见图 7-1）。

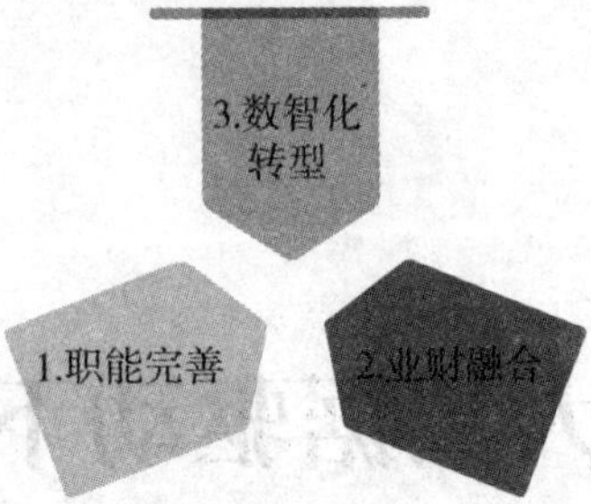

图 7-1　大数据促进管理会计全面发展

（一）职能完善

首先，大数据促进管理会计职能的完善、丰富，如管理会计人员除了需要对现有的财务数据进行分析外，更需要从企业整体的角度进行总体分析，如分析竞争对手、开展精准预警、分析产品生命周期等。

其次，大数据可以促进管理会计履行职能水平的提高，如提高管理会计人员制作的分析报表的精准性，实现滚动式的预算，提高管理会计人员的预测能力等。

总之，管理会计人员在运用大数据给个人工作带来便捷的同时，更应适应大数据的特点，提升自身的综合管理水平，为企业的发展提供具有价值的建议。

（二）业财融合

大数据可以有效促进业务数据与财务数据的融合，为管理会计人员的策略制定提供强有力的数据支撑。管理会计人员通过借助大数据技术，综合运用企业提供的管理系统，从整体上对各项活动进行合理把控，了解业务数据和非业务数据之间的内在逻辑关系，对企业管理形成全方位认知，为后续相应政策的制定提供更为可靠的支持。

（三）数智化转型

管理会计人员通过有效利用业财数据，可以实现管理会计工作的数智化转型。具体而言，管理会计人员可以在具体的大数据应用过程中逐渐掌握相应系统的应用规律，逐步将数据分析与个人判断相结合，并在此基础上，逐渐形成更系统的分析判断方式，平衡好数据分析与智力分析间的关系，充分利用数智化转型的优势，促进管理会计人员判断、分析能力的提升，从而为企业提供强有力的决策支持。

三、大数据在企业战略的制定中发挥积极作用

企业战略往往着眼于企业未来的发展，这需要管理会计人员既立足于现在，又着眼于未来，真正在把握企业自身发展规律以及行业发展趋势的基础上，制定具有长远性的企业发展战略。在实际的战略制定过程中，管理会计人员可以结合企业的实际状况、行业状况、对手实力等制定凸显本企业优势的战略，让本企业在适应当前发展需求的同时，适应未来的发展趋势，从而使本企业在行业中长期处于优势地位，提高企业经济效益，使大数据在企业战略制定中发挥积极作用。

四、大数据助力管理会计人员对企业各项成本的有效管理

企业的各项成本包括预算成本、生产成本、组织成本、管理成本、投融资成本等，管理会计人员运用大数据技术可以对上述成本进行有效管控。

对预算成本控制而言，管理会计人员可以通过构建具有创新性的成本管理体系、业财融合的预算成本控制系统、实效化的预算成本编制体系，实现对预算成本的合理控制。

在开展生产成本的控制创新实践的过程中，管理会计人员可以从整个生产活动入手，在原材料采购、物流、库存管理、生产制造和销售等环节运用大数据技术，实现对各个环节的合理把控，将各环节的生产成本降到最低，从而提高企业产品在行业中的竞争力。

在组织成本的控制创新实践中，管理会计人员可以从影响组织成本的关键性因素入手，如宏观环境、企业组织结构、组织行为方式等，对组织结构、组织成本控制实践模式进行优化，最终达到有效控制组织成本的目的。

在利用大数据控制管理成本的过程中，管理会计人员需要结合企业实际设计成本控制系统，结合相应的管理特点，灵活采取相应的控制措施，如改善管理成本预算、细化业务流程与管理控制、开展过程性监督等，实现管理

成本的降低。

在使用大数据进行投融资成本控制过程中，管理会计人员可以通过运用大数据技术了解、分析投融资方案的具体细节，以此作为投融资的依据，并加强投融资的资金数据处理，有效降低企业投融资成本，提高企业的投融资经济效益。

五、大数据助力企业风险管理能力的提升

在提升企业风险管理能力的过程中，管理会计人员需要了解大数据与风险管理融合的特点，在遵循风险管理原则的基础上采取相应的风险管理措施。管理会计人员为了获得良好的管控效果，按照相应的框架实现大数据与风险管理的有效融合，结合企业长期发展战略设定风险偏好，实施相应的风险识别、风险评估、风险预警、风险应对等。同时，管理会计人员可以将具体的风险应对过程存入企业管理系统，为下一次应对风险提供数据支撑。

第二节　大数据驱动下管理会计创新实践的发展趋势

一、从整体角度解析企业管理会计发展趋势

（一）构建广义的管理会计体系

广义的管理会计是一种跨学科、跨层次、跨领域的新的管理会计理论体系。它从结构上突破了传统管理会计理论体系的束缚，在空间和时间方面呈现不断延伸的发展趋势。在空间上涉及经济、生态、社会三大维度若干子领域；在时间上涉及过去、现在、未来管理会计动态研究，呈现出跨学科、跨层次、跨领域等特征。随着知识经济时代的到来，管理会计这个概念的内涵将越来越丰富。

管理会计理论体系的不断演进对管理会计人员以及相关研究者提出了更

高要求，他们需要从更广阔的范围认识、了解、掌握管理会计的新趋势、新形态、新内容，注重引入更多元的管理会计方法，从多角度入手，真正为管理会计的发展注入新的生命力。

（二）突出整合研究

在管理会计中，作业成本法、成本企划（目标成本法）、边际弹性成本法、全面预算管理、企业战略分析、企业资源计划等管理方法在具有自身优点的同时也存在着缺陷，因此将这些方法进行整合是十分必要的。更重要的是，实际的整合可能需要以作业成本法为基础。在整合现代管理会计体系的过程中，管理会计人员以及研究者需要遵循相关性原则、适应性原则、权责利原则、战略原则、灵活性原则和成本效益原则等。在具体的整合方法上，管理会计人员以及研究者可以结合具体的管理会计工作内容，综合采用企划管理、预算管理、战略管理、弹性管理等多种方法。

（三）加强规范研究与实证研究的融合

随着我国资本市场的不断发展与相关数据技术的不断完善，实证研究日益为人们所重视。以计量经济学为主要手段的实证研究，虽然在解释与预测方面，比规范研究更直观、更具体，但这种研究也有其局限性，如研究者基本上都采用线性分析。因此，在当前管理会计不断发展、新技术不断涌现的情况下，管理会计人员以及相关研究者必须客观地看待这两种研究方法，让两者优势互补、有机结合，实现对企业现阶段发展情况的合理分析、对企业未来发展情况的合理预测，充分发挥管理会计的职能作用。

二、从战略管理会计的角度分析管理会计人员

战略管理会计不仅是管理会计的某个分支，还是传统管理会计在新的市场环境和企业管理环境下的新发展。作为决策支持系统，战略管理会计研究的是与战略管理相关的多样化信息，关注企业外部环境的变化，提供关于企业外部市场和竞争者的信息。同时，战略管理会计用战略的观点来看待内部信息，强调运用各种相关的财务信息与非财务信息，帮助决策层制定战略和

发展方案。战略管理会计采用多元化的信息处理方法，如作业成本法、价值链分析法、对手分析法、环境分析法、预警分析法等。战略管理会计以其新思想、新理论和新方法，开启了管理会计的革命。与此同时，战略管理会计拓展了管理会计的职能，适应了战略管理的需要，注重企业的长远发展及整体利益的最大化，对多样化的信息从多角度进行综合分析与研究，代表着管理会计的发展趋势。管理会计人员需要适应这种趋势。

首先，管理会计人员应站在战略高度，既要发挥传统管理会计的职能作用，服务于企业内部管理，又要重视环境变化带来的影响，还要从全球范围内来看待企业的目标和行为，时刻关注与企业发展息息相关的市场环境变化及其对企业产生的影响。同时，管理会计人员需要让企业有效获取、分配、使用资源，以充分利用环境机遇，并应对环境威胁。

其次，管理会计人员除了要关注利润最大化这一目标外，更需要立足长远，从企业未来发展的角度考虑问题，结合市场经济条件下的各种新情况，如新政策、新机遇和新挑战等，不断提高风险预见和管理能力，实现企业价值最大化，增强企业的持久竞争力。

最后，管理会计人员需要转变片面重视指标评价的思维，真正从价值链分析入手，结合具体的分析内容，运用大数据技术将财务指标和非财务指标有效融合，如将剩余收益、投资回报率等财务指标与生产过程质量控制、顾客满意度等非财务指标进行融合，构建具有综合性的绩效考核机制，为后续的企业管理提供有科学性的意见与建议。

三、从网络经济时代分析管理会计应用前景

网络经济的蓬勃发展使企业与外部的信息交互变得异常方便、快捷，网络经济时代出现的大型网络管理软件也使企业内部各部门成为信息交互与数据共享的一体化信息系统。管理会计所需要的内外部信息资料，都可以通过互联网、企业间的电子商务系统、企业内部的管理信息系统便捷地获得。信息的处理和传输也变得更高效，复杂模型的应用与计算都可以由计算机按照固定程序执行，不再是困扰管理会计人员的难题。网络经济时代的到来将极大地推动管理会计职能的拓展。

参考文献

[1] 张晓雁，秦国华 . 管理会计 [M]. 厦门：厦门大学出版社，2016.

[2] 中华人民共和国财政部 . 管理会计应用指引：2019 年版 [M]. 上海：立信会计出版社，2019.

[3] 许江波，王伟 . 成本管理会计 [M]. 北京：首都经济贸易大学出版社，2019.

[4] 邹丽，伍丽雅 . 管理会计 [M]. 重庆：重庆大学出版社，2020.

[5] 杜盼盼，王武蓉，王亚楠 . 管理会计 [M]. 南昌：江西高校出版社，2019.

[6] 王桂华，李玉华 . 管理会计 [M]. 北京：北京理工大学出版社，2019.

[7] 蔡维灿 . 管理会计 [M]. 北京：北京理工大学出版社，2018.

[8] 肖康元 . 管理会计 [M]. 上海：上海交通大学出版社，2018.

[9] 刘洋，曲远洋 . 管理会计 [M]. 上海：上海财经大学出版社，2017.

[10] 钱逢胜 . 管理会计 [M]. 上海：上海财经大学出版社，2016.

[11] 杨茅甄 . 管理会计 [M]. 上海：上海财经大学出版社，2015.

[12] 冯巧根 . 改革开放 40 年的中国管理会计：导入、变迁与发展 [J]. 会计研究，2018（8）：12–20.

[13] 关瑞娣，南星恒 . 新常态下中国特色管理会计的创新与发展：中国会计学会管理会计专业委员会 2016 年专题研讨会综述 [J]. 会计研究，2016（11）：92–94.

[14] 谢志华，敖小波 . 管理会计价值创造的历史演进与逻辑起点 [J]. 会计研究，2018（2）：3–10.

[15] 于丽 . 基于价值链理论下的管理会计研究 [J]. 大众投资指南，2018（17）：60，62.

[16] 樊向东 . 基于波特理论商业银行提升竞争力的战略研究 [J]. 财经界,2015（15）：9，42.
[17] 林峰 . 浅析企业管理会计的目标设定策略 [J]. 决策与信息，2015（5）：79.
[18] 张倩 . 基于大数据的管理会计创新研究 [J]. 财会学习，2022（19）：81–83.
[19] 周宝玉，徐瑾 . 大数据技术在企业战略管理中的应用研究 [J]. 中文信息，2022（5）：107–109.
[20] 张先治，王兆楠，柳志南 . 基于管理会计的企业管理控制模式创新探讨 [J]. 会计研究，2017（12）：24–29.
[21] 钟隽 . 企业管理会计创新探讨 [J]. 合作经济与科技，2022（14）：144–145.
[22] 谢雨楠 . 大数据时代管理会计的创新与发展研究 [J]. 商讯，2022（6）：68–70.
[23] 王浩明，王智 . 大数据驱动下管理会计的实践创新 [J]. 特区经济，2022（2）：104–107.
[24] 连宏玉 . 大数据时代管理会计创新与发展研究 [J]. 北方经贸，2021（12）：82–83.
[25] 孙晶晶 . 大数据下的企业管理会计创新 [J]. 商业文化，2021（31）：69–70.
[26] 陈雪飞 . 大数据时代企业管理会计的创新发展 [J]. 中国管理信息化，2021，24（20）：53–54.
[27] 唐安，胡文伟 . 大数据时代管理会计创新与实践：基于业财融合视角 [J]. 中国物价，2021（5）：110–112.
[28] 胡雪晨，杨怀宏 . 大数据下管理会计创新研究 [J]. 今日财富，2021（8）：173–174.
[29] 张倩 . 基于大数据的管理会计创新研究 [J]. 财会学习，2022（19）：81–83.
[30] 王子剑 . 浅析大数据时代背景下企业管理会计的创新与应用 [J]. 商讯，2020（9）：62–63.
[31] 林宪平 . 大数据时代下现代企业管理会计的创新研究 [J]. 中国乡镇企业会计，2019（10）：222–223.
[32] 张强强 . 大数据时代管理会计在企业成本控制中的应用分析 [J]. 中国中小企业，2019（7）：119–120.
[33] 李攀 . 大数据时代下环境管理会计的机遇与挑战 [J]. 中外企业家，2019（18）：56–57.
[34] 刘丽霞，王世水 . 大数据时代企业管理会计工具的创新与应用：基于成本控制

视角 [J]. 会计之友，2019（10）：14–19.
[35] 常金晓 . 大数据时代管理会计教材存在的问题探讨 [J]. 商业会计，2017（11）：116–118.
[36] 陈溪，潘秀苗 . 大数据时代环境成本管理会计面临的挑战 [J]. 商，2015（38）：153，143.
[37] 张伟锋，郭媛媛 . 大数据背景下财务会计向管理会计转型策略 [J]. 知识文库，2018（18）：54–55.
[38] 常金晓 . 大数据时代管理会计教材存在的问题探讨 [J]. 商业会计，2017（11）：116–118.
[39] 王欣俐 .H 公司财务共享运行中的风险分析及应对研究 [D]. 武汉：中南财经政法大学，2019.
[40] 蒋晨晨 . 企业管理会计中阿米巴经营体系的应用研究 [D]. 昆明：云南财经大学，2021.
[41] 高凯 . 基于业财融合的 MN 集团管理会计体系优化研究 [D]. 长春：吉林大学，2021.
[42] 唐楠 . A 集团公司战略管理会计优化研究 [D]. 石家庄：河北经贸大学，2022.
[43] 郭小乐 .G 公司管理会计报告案例研究 [D]. 北京：中国财政科学研究院，2021.